工程项目数字化系列丛书

公路建设项目
安全数字化革新与实践

浙江交投高速公路建设管理有限公司　编著
浙江义东高速公路工程建设指挥部

人民交通出版社股份有限公司
北京

内容提要

本书共6章，主要介绍浙江交投高速公路建设管理有限公司义东高速项目（以下简称"义东高速"）在建设过程中的革新与实践。其中，第1～3章介绍了国内工程建设项目中安全管理的现状，以及"义东高速"利用数字信息技术重塑项目安全管理的新思路；第4～5章介绍义东高速的"平安义东"安全管理数字化系统及配套的安全管理制度创新、流程开发；第6章总结新的安全管理数字化系统为"义东高速"项目建设安全管理带来的实践成效及其在浙江省内推广应用情况。

本书可为在工程安全管理、行业数字化改革方面的行业从业者、行业监管部门、相关领域学者、高校学生提供参考。

图书在版编目（CIP）数据

公路建设项目安全数字化革新与实践/浙江交投高速公路建设管理有限公司,浙江义东高速公路工程建设指挥部编著.—北京:人民交通出版社股份有限公司,2023.10

ISBN 978-7-114-18813-8

Ⅰ.①公… Ⅱ.①浙…②浙… Ⅲ.①高速公路—道路建设—安全管理—数字化—研究—浙江 Ⅳ.①U412.36

中国国家版本馆 CIP 数据核字（2023）第 096999 号

工程项目数字化系列丛书
Gonglu Jianshe Xiangmu Anquan Shuzihua Gexin yu Shijian

书　　名：	**公路建设项目安全数字化革新与实践**
著　作：	浙江交投高速公路建设管理有限公司
	浙江义东高速公路工程建设指挥部
责任编辑：	袁　方　　陈虹宇
责任校对：	赵媛媛　　魏佳宁
责任印制：	张　凯
出版发行：	人民交通出版社股份有限公司
地　　址：	（100011）北京市朝阳区安定门外外馆斜街3号
网　　址：	http://www.ccpcl.com.cn
销售电话：	（010）59757973
总 经 销：	人民交通出版社股份有限公司发行部
经　销：	各地新华书店
印　刷：	北京建宏印刷有限公司
开　本：	720×960　1/16
印　张：	6.25
插　页：	1
字　数：	106千
版　次：	2023年10月　第1版
印　次：	2023年10月　第1次印刷
书　号：	ISBN 978-7-114-18813-8
定　价：	60.00元

（有印刷、装订质量问题的图书，由本公司负责调换）

图2 浙江义东高速公路近景图

图1 浙江义东高速公路远景图

本书编写委员会

主　审：杨献文　郑文斌
主　任：林　豪
副主任：胡建平　任宝刚　吴作铃　陈生客
编　委：陈　卓　喻斌斌　王晓卫　朱　立　郭冠宇　傅　伟
　　　　程绍波　李瑞丰　张　力　王　敏　程建国　曹应堂
　　　　黄华龙　刘朝振　李永山　韩建华　胡宇翔　蔡景石
　　　　邱占杨　黄道锐　冯炜坤　陈　真　凌世雄　张家鑫

本书编写单位

浙江交投高速公路建设管理有限公司
浙江义东高速公路工程建设指挥部
浙江交工集团股份有限公司
中铁十五局集团有限公司
闽通数智安全顾问(杭州)有限公司

PREFACE 前言

目前,世界已经全面进入数字经济时代,随着5G、人工智能、智慧城市等新技术、新业态、新平台蓬勃兴起,催生了许多新产业、新业态和新模式,深刻地影响着全球科技创新、产业结构调整、经济社会发展。数字中国、数字交通、数字工程、数字浙江等以数字为引擎,数字化转型、数字化赋能已经成为行业数字化发展战略的普遍共识,一个全新的时代正蓬勃发展。

在数字化经济时代,针对项目建设过程中安全监管程序不到位、安全管理精准度低、管理效能低下等交通建设行业安全管理的痛点和难点,如何实现数字化转型已经成为当前行业急需解决的难题。在数字化改革浪潮之下,我国行业诸多单位都开启了数字化革新之路,也涌现出各种数字化革新成果,而大部分数字化革新成果都是昙花一现,真正受到基层一线使用人员信赖、得到上级监管部门认可、具有推广复制价值的数字化革新成果则较为少见。

浙江交投高速公路建设管理有限公司义东指挥部(以下简称义东指挥部)在数字化改革浪潮中经过两年多的实践和检验,探索出一套运行路径通畅的数字化安全管理系统,切实解决了项目建设安全管理的一些痛点、难点问题。义东指挥部以安全码为载体,搭建行业内共享的人员、设备信息数据库,构建项目建设安全状态评估模型,利用数据分析解读项目建设安全管理状态,利用积分规范作业人员安全生产行为,通过大数据分析落实参建各方安全责任,真正形成"全员参与安全管理、人人都是安全员"的安全管理局面,实现数字赋能安全生产的目标,引领项目建设安全管理数字革新。

世界总是处于变化之中,面对不断变化的形势和需求,项目建设安全管理"需求清单"也会不断扩容。数字化改革不是一蹴而就的,而是一个长期的螺旋式迭代过程,义东指挥部已做好准备,期待同行业项目建设数字化安全管理在未来创造更多成果,为交通行业数字化发展探索提供更多的成功经验。

本书的编写得到了省、区、市行业主管部门等单位和诸多建设同行的支持与帮助,在此一并表示诚挚的感谢。

浙江交投高速公路建设管理有限公司义东指挥部
2023 年 3 月

CONTENTS 目录

1 项目建设安全管理现状 /1

1.1 行业安全生产状况 ………………………………………… 2
1.2 工程安全管理现状 ………………………………………… 5

2 安全管理数字化时代背景 /9

2.1 工程建设安全管理数字化历程 …………………………… 10
2.2 数字化改革浪潮 …………………………………………… 12

3 义东高速安全管理数字化思路 /16

3.1 义东高速项目特点 ………………………………………… 17
3.2 义东高速探索项目安全管理新思路 ……………………… 21

4 "平安义东"系统建设 /30

4.1 "平安义东"系统总体架构 ……………………………… 31
4.2 "平安义东"系统功能模块 ……………………………… 33

5 安全管理数字化应用场景 /53

5.1 小积分大应用——项目积分制管理应用 ················ 54
5.2 让安全看得见——安全智控指数应用 ················ 59
5.3 "码上"安全——安全码应用 ················ 67

6 总结和展望 /78

6.1 义东答卷 ················ 79
6.2 推广情况 ················ 83
6.3 数智赋能 ················ 84
6.4 前进方向 ················ 86

参考文献 /89

项目建设安全管理现状

"安全生产,重如泰山",国家和社会从未降低对安全生产的要求与关注。近年来,从中共中央、国务院发布的各类规划文件以及频繁出台的一系列安全生产相关法律法规中可以看出国家整治安全生产乱象、保障公民安全和健康的决心。在我国的工程建设行业,从近年来的房屋市政和公路水运建设行业安全生产事故与死亡人数统计来看,工程建设行业整体的安全生产形势依旧不容乐观。同时,随着我国城市化进程和区域经济发展的需要,未来一段时间,各类交通基础设施的建设规模将依旧保持较大规模,整个行业的安全生产依旧面临重大挑战。

要想实现项目建设的安全生产,就必须进行科学、合理的安全管理。我国为促进提升企业安全管理质量,出台了与国际接轨的安全生产管理体系标准;将先进的安全管理理念与国内各行业生产实际结合,在各行业内部推进安全生产标准化的建设。就工程建设行业而言,随着安全生产标准化的深入,信息化项目安全管理系统已经成为行业安全管理中的主流工具。然而,国家的引导并不足以成为大多数企业提升安全管理质量的动力,主流的安全管理系统仍需完善,加之行业特点,交通工程建设的安全管理还存在很多问题。

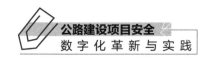

1.1 行业安全生产状况

1.1.1 国家逐渐聚焦安全生产

安全生产一直是党和国家关注的重点。近年来,随着各领域发展不断深入,人民群众对安全生产的需求日益提升,国家在安全生产方面的政策部署也不断深入,在法律法规建设方面也日趋完善。2012年,党的十八大报告明确提出:"强化公共安全体系和企业安全生产基础建设,遏制重特大安全事故。"2013年,习近平总书记就安全生产工作作出重要指示,人命关天,发展决不能以牺牲人的生命为代价,各生产单位要强化安全生产第一意识,落实安全生产主体责任。2016年,中华人民共和国成立以来第一个以中共中央、国务院名义印发的安全生产工作的纲领性文件——《中共中央国务院关于推进安全生产领域改革发展的意见》(中发〔2016〕32号)强调了"管安全生产必须管职业健康"的安全管理理念,也就是安全生产中的"一岗双责"。2017年,党的十九大报告提出:"树立安全发展理念,弘扬生命至上、安全第一的思想,健全公共安全体系,完善安全生产责任制,坚决遏制重特大安全事故,提升防灾减灾救灾能力。"党的十九大报告运用这样的表述,比以往任何一次报告都更加关注安全发展和人民的生命安全。2020年,《中华人民共和国国民经济和社会发展第十四个五年规划和2035年远景目标纲要》(简称"十四五"规划)中将提高安全生产水平纳入重点任务并强调"建立企业全员安全生产责任制度,压实企业安全生产主体责任。加强安全生产监测预警和监管监察执法,深入推进危险化学品、矿山、建筑施工、交通、消防、民爆、特种设备等重点领域安全整治,实行重大隐患治理逐级挂牌督办和整改效果评价。推进企业安全生产标准化建设,加强工业园区等重点区域安全管理"。至此,国家对安全生产的关注和重视不言而喻,新时代建筑工程安全管理的目标和发展也在向"不能以牺牲安全为代价""全员参与""企业负责""提前预警""标注健全"的要求转变。

近年来,我国制定和完善了安全生产领域的相关法律法规。例如,2018 年 4 月,交通运输部印发《公路水路行业安全生产风险管理暂行办法》;2021 年 6 月,新修订的《中华人民共和国安全生产法》获得通过,自 2021 年 9 月 1 日开始实施,其中安全生产的责任主体更加清晰、主体责任更加明确、责任追究更加严厉。

我国高度重视各类企业的安全生产工作,在各种重大会议和报告中对安全生产的不断强调、对安全生产法律法规的不断修订和完善,都体现了国家一直以来对人民生命安全的关注,严抓安全生产的决心。随着一系列政策措施和法律法规的出台,国家对地方人民政府机关、企事业单位、安全生产管理人员的安全生产管理能力也提出了更高的要求,只有我国上下勠力同心,才能真正达成安全生产的目标。

1.1.2 工程建设行业安全生产形势不容乐观

随着我国的城市化进程不断加快,经济的深入发展及经济区域化创建对交通工程的"质""量"需求不断增长,公路等交通基础设施建设在国家发展中占据了重要的地位。"十四五"规划期间,仅浙江省完成 2 万亿元综合交通投资,其中铁路 4000 亿元、公路 8800 亿元、水运 1020 亿元,建设任务繁重。交通工程建设行业作为典型的安全事故高发行业,必须保证安全和质量,才能切实地为经济发展提供保障。

近年来,虽然我国在顶层规划和法律法规制定过程中着重关注企业的安全生产,并逐步取得成效,但从统计数据来看,我国工程建设行业安全生产的总体情况不容乐观。随着项目数量和规模的增大,安全生产事故发生起数和人员伤亡数量有所增加。如图 1-1、图 1-2 所示,根据 2010—2020 年住房和城乡建设部和交通运输部公布的统计数据,从我国房屋市政工程和公路水运工程的生产安全事故发生起数和人员伤亡数量两项指标来分析我国工程建设行业的总体安全状况。以 2015 年为转折点,2015 年之前,我国的工程建设行业生产安全事故发生起数和人员伤亡数量总体呈下降趋势,但是在 2015 年后出现了反弹,虽然 2020 年数据有所回落,但趋势并不稳定,且事故发生起数和人员伤亡数量仍然相对较高。其中，我国公路水运工程建设领域安全事故发生起数和人员伤亡数量在 2015—2018 年相对较低，但在 2019—2020 年却快速增长，安全生产总体形势依旧不容乐观。

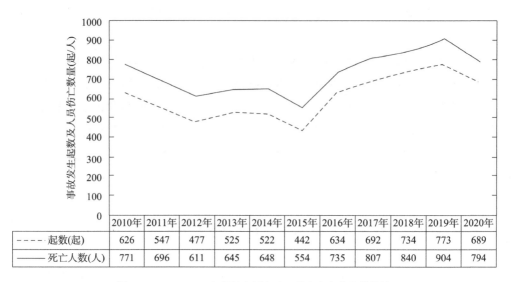

图 1-1　2010—2020 年我国房屋市政工程生产安全事故统计

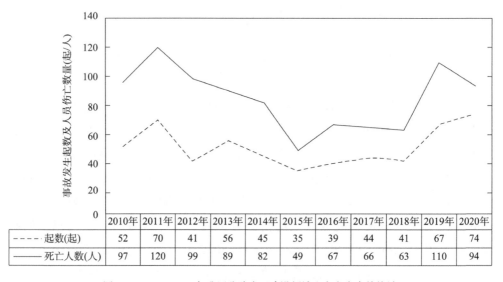

图 1-2　2010—2020 年我国公路水运建设领域生产安全事故统计

1.2 工程安全管理现状

1.2.1 工程安全管理体系和安全生产标准化

安全管理体系是企业基于自身的发展需要而采用的系统管理方法。安全管理体系来自企业,通过提炼、提升逐渐形成国家标准,最终用以指导广大企业进行安全生产管理。

1802年,英国议会首次立法要求雇主通过开展安全生产管理来保障劳工生产安全和健康,安全管理的概念首次被明确提出。随着工业革命不断推进,安全生产管理相关的法律法规逐渐完善。1991年,英国健康安全执行局(Health and Safety Executive,HSE)基于一些企业的优秀做法出版了第一个健康安全管理体系指南——《成功的健康安全管理》(HSG65)。随着20世纪90年代现代企业管理的进步,基于该安全管理体系,《职业健康安全管理体系指南》(BS 8800—1996)于1996年由英国标准局出版,成为全球第一个有关职业健康安全管理体系的国家标准[1]。世界主流发达国家在20世纪90年代结合自己的国情相继建立了职业健康安全管理标准。1999年,英国标准协会(BSI)、挪威船级社(DNV)等13个组织,组成了国际安全健康咨询服务项目组,提出了职业健康安全评价系列(OHSAS)标准,即《职业健康安全管理体系——规范》(OHSAS 18001)和《职业健康安全管理体系——OHSAS 18001实施指南》(OHSAS 18002),OHSAS 18001成为首部国际化的职业健康安全管理体系。随后,国际标准化组织(ISO)平衡不同国家的发展状况,逐步制定并完善国际职业健康安全管理体系,现行国际标准为《职业健康安全管理体系》(ISO 45001)。

随着经济全球化发展,我国自1996年开始着手《职业健康安全管理体系》的研究,逐步完善至今并与国际标准接轨。我国现行标准为国家市场监管总局、国家标准化管理委员会(SAC)2020年发布的《职业健康安全管理体系要求及使用指南》(GB/T 45001)。

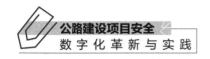

在职业健康安全管理体系的实践中，逐渐发现由于我国自身的发展特点，很多时候与国际化的安全管理体系适应性还有待加强。因此，我国在鼓励出口企业建设与国际接轨的安全管理体系的同时，开始推进各行业实施安全生产标准化来进行企业的安全管理。所谓安全生产标准化，是指通过建立安全生产责任制，制定安全管理制度和操作规程，排查治理隐患和监控重大危险源，建立预防机制，规范生产行为，使各生产环节符合有关安全生产法律法规和标准规范的要求，人（人员）、机（机械）、料（材料）、法（工法）、环（环境）、测（测量）等生产要素处于良好的生产状态，并持续改进，不断加强企业安全生产规范化建设。与安全管理体系不同，安全生产标准化更符合我国实际国情，是先进安全管理思想与我国传统安全管理方法、企业具体实际的有机结合，体现了"安全第一、预防为主、综合治理"的方针和"以人为本"的科学发展观，强调企业安全生产工作的规范化、科学化、系统化和法制化。

自2006年6月27日，我国安全生产标准化技术委员会成立大会暨第一次工作会议在北京召开，会议推进了各行各业的企业安全生产标准化建设。我国现行的安全生产标准化基本规范是应急管理部发布的《企业安全生产标准化基本规范》（GB/T 33000）。在工程施工领域，住房和城乡建设部印发《建筑施工安全生产标准化考评暂行办法》（建质〔2014〕111号）。在交通运输行业，交通运输部于2016年印发《交通运输企业安全生产标准化建设评价管理办法》。

虽然我国对企业安全生产管理体系、安全生产标准化建设已经出台了明确的指导性文件，但对工程建设行业来说，绝大部分企业，尤其是私营企业并没有足够的动力来提升自身的安全管理能力。大部分企业的安全管理往往都在被动地"合规"，以应对来自监管方的检查；安全管理纸面化、形式化严重；缺少主动的管理动力，缺乏全员参与的机制。因此，只有在安全管理中，真正地为企业实现降本增效，才能激发企业参与提升安全管理能力的热情。

1.2.2　工程建设项目安全管理系统

为与安全管理体系相适应，方便安全生产标准化评审，信息化安全管理系统在国内工程建设行业逐渐得到广泛应用，以实现合规化、标准化的安全管理。这类系统往往基于互联网设计，通过电脑软件、浏览器门户平台等工具实现安全管理规章等信息发布、安全资料表单的流转审批等工作;通过将传统的纸质安全管理表单、安全管理流程从线下转移到线上,形成内容全面、层次分类明晰的安全管理电子档案,便于企业高层和监管机构管理和查阅。

虽然这类信息化安全管理系统应用已经在工程建设行业中较为普及,系统架构也越来越完善,在一定程度上满足了信息化管理的要求,但这类系统普遍只发挥其资料存储、档案报表等有限的作用,无法对项目的安全状况进行动态监控和管理,仍然是以文档的方式存储安全管理信息,无法对采集的数据进行有效利用;这类系统虽然实现了资料的线上流转,但是仍不能改进安全管理资料手工采集、纸张传递存储的传统方式,对安全隐患整改的效率没有提升,反而很多资料要线上和线下重复报送,给基层安全管理工作带来了更大的工作负担。

1.2.3　交通建设工程安全管理中的问题

交通建设工程的安全生产,是一个世界各国普遍重视但又严重的社会问题,也是一个复杂的社会和技术问题。交通建设工程安全管理的特点是由其产品特点、技术特点和施工特点决定的。其中,产品特点是指交通建设工程产品具有固定性、体形庞大、多样性、易损性、社会性;技术特点是指线长点多、工种复杂、形式多样、特种作业多、人员之间、单位之间协调性高;施工特点是指作业场所不固定,一线施工人员密度大且流动性大,施工周期长,施工所需要的材料和设备种类多、总量大,施工受自然环境和外界干扰的影响大。

基于交通建设工程安全管理特点,结合大部分企业被动式的安全管理和目前主流安全管理系统中的缺陷,对目前的交通工程安全管理面临诸多问题和挑战的总结如下。

1)"人的不安全行为"难以应对

(1)产业一线从业人员数量大,流动性强,工程一线工人责任意识不强,安全素养参差不齐,经常蛮干冒进,操作违章情况时有发生。

(2)班组长的安全意识淡薄,时常出现违章指挥,实际工序作业前很少进行安全和技术交底。

(3)安全教育流于形式,安全教育形式单一,无法切实地提升人员的安全素养。

2)"物的不安全状态"问题突出

(1)由于设备量大、种类多、流动频繁,部分设备进场校验登记不及时,验收不到位,标定、校验过期时有发生。

(2)由于工期紧张、工作量大,设备保管人员疏忽,部分设备未按照规定开展日常检查、定期维修保养等问题较为突出。

(3)施工现场存在较多老旧设备,设备的性能和保养情况参差不齐,不稳定因素多。

3)安全管理模式粗放

(1)参建企业间安全管理水平参差不齐,管理标准不一,部分专业性较差。

(2)施工现场安全、技术管理人员整体管理能力偏弱,交通工程安全管理过程中开展的安全培训、安全交底、安全考核等工作形式单一,并且流于形式。

(3)隐患排查不清不全,隐患重查轻改现象严重,部分隐患反复出现,闭环处置不及时、不彻底,成效低。

(4)隐患数据分析的数字化手段落后,安全检查的结果、评价、整改结果都停留在纸质记录、文件留底的阶段,无法高效、准确、严格地管理数据,不具备有效的数据采集和大数据分析能力。

4)安全责任未有效压实

(1)项目参建单位全员责任不能有效清理和压实,岗位安全生产责任不明确。

(2)安全管理只有安全部门单独开展工作,没有建立岗位联动工作机制,过程管理存在缺失。

(3)企业落实主体责任方法较少,企业及人员安全管理内生动力不足。

(4)行业监管不能实时有效贯穿到项目,难以形成安全风险精准管控,不能有效研判、提前预判并采取有效监管手段控制安全风险。

"十四五"规划时期,我国已经进入了全面建设社会主义现代化国家、向第二个百年奋斗目标进军的新发展阶段,经济发展也由高速发展转向高质量发展。与此同时,我国基础设施的建设仍然保持较大的规模,但工程建设目前的安全管理现状已经与经济发展、工程建设产业的发展不匹配,安全管理现状与经济发展速度不匹配,安全专业人才供给远远不能满足实际需求,工程项目安全管理中存在许多难题亟须解决,行业管理矛盾突出,工程安全管理难题需要创新的解决方法来实现高水平的工程建设安全生产。

2

安全管理数字化时代背景

交通工程建设行业属于传统的高危行业,近年来国内工程建设安全生产形势也不容乐观。行业的特性和工程建设安全问题的复杂性,对行业的安全生产是巨大的挑战。

根据发达国家的安全管理经验,在社会经济发展方面,当人均 GDP(国内生产总值)超过 10000 美元时,安全生产才会真正得到重视,国家和社会才有条件、有能力提高对安全管理水平的要求[1]。截至 2021 年,我国人均 GDP 已经超过 12000 美元,经济发展正在向高质量发展转变。这也为工程建设安全管理中问题的解决奠定了良好的经济基础。

随着社会经济发展和数字化时代的到来,物联网、大数据、云计算、人工智能等各种数字化技术的不断涌现,近些年我国不断推进各行各业的数字化改革,为工程安全行业数字化转型奠定了基础。数字化技术的飞速发展,在为整个社会经济发展带来新活力的同时,其高效、智能等优势也为工程建设安全管理质量的提升提供了技术支撑。

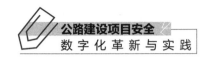

2.1 工程建设安全管理数字化历程

20世纪80年代,一些国家开始在交通工程建设领域广泛应用管理信息系统(Management Information System,MIS),其中美国的IntelliCorp公司、Power UP公司均推出过施工安全管理专家系统,可以应用计算机针对不同工程项目的施工要求,有针对性地编制安全培训方案。20世纪末,韩国铁道实施工团的项目管理信息系统实现了安全管理的项目级管理,进行系统安全管理计划自动编排,建立施工安全评价体系,有效地提升了安全管理效率,控制了施工安全隐患。

我国工程项目安全管理系统开发起步相对发达国家较晚,很多单位在20世纪末开始引进国际先进的项目管理软件,积累了部分经验和数据。2000年,清华大学与中建一局合作开发了"建筑安全管理信息系统"并在公司范围内使用,成为国内工程建设行业安全管理信息系统的范例。在过去数十年里,部分企业和高等院校针对工程建设行业开发了一系列项目管理、安全管理软件和系统,这些系统往往基于互联网设计,通过电脑软件、浏览器门户平台等工具实现,其功能主要是执行文件的分类发布、表单的流转审批。由于此类系统形成了"可视化"的安全管理体系和安全生产标准化,极大便捷了企业上层的管理和监管部门的审查。此类安全管理系统逐渐在工程项目安全管理中成为主流。

近年来,随着社会发展,我国越来越多的先进数字信息技术应用到工程建设行业。2017年,国务院办公厅印发了《关于促进建筑业持续健康发展的建议》(国办发〔2017〕19号)建议中提及通过应用建筑信息模型(Building Information Modeling,BIM)和信息化、智能化管理手段,提高项目的质量和安全,"智慧工地"的概念随之应运而生。随着顶层设计落地,融合数字信息技术与传统建筑行业的"智慧工地"受到了各级人民政府及主管部门高度重视,得到了大量推广和应用。与一般工地相比,在"智慧工地"中,BIM、虚拟现实(VR)、人工智能、物联网、大数据等数字化、信息化技术在工程建设管理中得到了不同程度的应用。

安全生产作为行业的重中之重,工程建设安全管理随着"智慧工地"的提出也启动了数字化进程。在近些年的研究中,多种数字化技术的应用为项目的安全管理数字化提供了大量的技术支持：BIM技术作为建筑的数据化、信息化模型整合，有着协同性好、过程可视化、可模拟等优点，结合BIM技术可以对安全管理进行合理规划，提高工作人员对工作的理解，降低现场安全管理难度；物联网技术可以对项目中各种设备进行联网监控，实现设备信息自动获取，提升安全管理的效率和信息的实时可靠性；地理信息系统（Geographic Information System，GIS）结合精确定位技术（包括卫星定位、射频定位、传感器定位、无线电定位等技术）在工程建设中的应用，可以实现对人员、设备、物料等要素位置的实时监测，为安全管理带来便捷；劳务实名管理系统为产业工人建立信息化数据库，使得人员管理更加合理、便捷；VR安全教育系统则将虚拟现实贯穿安全教育的全过程，让项目参与人员身临其境地接受安全教育，增强人员安全意识；智能安全帽管理系统集成无线通信、BIM技术、定位技术等技术，让管理人员及时掌握一线人员情况，便于进行安全管理，避免事故发生。此外，塔吊监测系统、基坑监测系统、高支模监测系统等数字化技术的应用也为安全管理数字化提供了强有力的技术支持[2]。除了对单一技术的研究之外，相关研究人员还将多种信息技术融合在"智慧工地"中，实现了对工程建设更多流程的监控管理。譬如，国内有学者将BIM与AR（增强现实）技术相结合，利用现场叠加建筑虚拟模型信息进行实时的可视化现场控制；将无人机航测采集的数据信息与BIM结合生成三维建筑模型，实现对工程领域内各流程的全面监控管理；融合信息技术、地理信息技术搭建现代工地管理模型。

综上所述，数字化技术在工程安全行业的应用已经具备了一定的理论基础和实践经验。在综合应用数字化技术进行安全管理方面，国内一些企业已经开始实践尝试。其中，福建华闽通达信息技术有限公司一直致力于工程建设项目的智慧管理，2017年至今，他们将大数据、物联网、信息系统等数字化技术应用在工程建设安全管理中，建立了集成常见隐患库，人员设备数字化管理的标准流程，管理流程、台账线上化，安全状态量化监测等功能的综合安全管理数字化系统；先后在广西大浦高速、广东云茂高速、苏州港太仓港区的建设项目中进行了实践应用，在便捷安全管理、提高项目隐患排查效率和效果方面取得了较好的成效。

虽然随着顶层设计逐步落实，"智慧工地"技术逐步实践应用，但是对于任何行业，数字化变革从来没有坦途，不可能一蹴而就，工程安全行业也不例外。基于工程安全行业的特点，还需要统一理论，打好基础，补好课，循序渐进，分步实现。

工程安全行业基本上还处于前工业化时代,要想实现数字化转型,就需要补上工业化的课[3],要以价值创造为中心,解决工程安全管理的关键难题,将行业最佳实践标准化,快速完善风险源隐患库、信用体系、能力评估体系等基础设施建设。

2.2 数字化改革浪潮

数字化技术的飞速发展,推动社会进入数字经济的新时代。在过去的数十年里,数字化技术发展很快,新产品、新业态、新模式、新职业层出不穷。未来,还会出现更多的数字新物种、新业态,成为推动经济发展最活跃的力量。近年来,数字经济在国民经济中的地位越来越突出。2020年,我国数字经济规模达到39.2万亿元,占GDP的38.6%。未来国家和地区的发展也会更多地依赖数字化技术,数字经济也将成为推动经济增长的主要力量。

在不断有数字新物种出现的同时,传统产业数字化转型也是大势所趋。5G、大数据、工业互联网、云计算、人工智能等新一代信息技术正逐渐与各个行业融合。数字化转型已经成为传统企业首要且不可回避的命题。传统行业的数字化、网络化、智能化改革,也将从管理能力、生产效率、人才培养、研发创新等方面为传统行业的发展赋能,将传统产业带到一个新的高度。

2.2.1 浙江省数字化改革

浙江省以习近平新时代中国特色社会主义思想为指导,认真贯彻落实中共中央、国务院关于加强数字政府建设的决策部署,紧密围绕政府治理体系和治理能力现代化,坚持全面贯彻新发展理念,以数字化改革推动各领域改革。

2003年,习近平总书记在浙江工作时作出了建设"数字浙江"的工作部署,为浙江省数字经济、数字政府、数字社会建设制定了蓝图,指明了方向。浙江省是较早推进"互联网+政务服务"工作的省份。2014年,浙江省在全国范围内率先建成省、市、县、乡、村五级全覆盖的一体化政务服务网。2016年,浙江省全面推行"最多跑一次"改革,让"数据多跑路、群众少跑腿"。2018—2020年,浙江省实施政府数字化转型，数字化改革加速并迈向深入，围绕"掌上办事之省"建设目标，浙江省进一步推动"互联网+政务服务"。

截至目前，浙江省的数字化转型已经初见成效，政务服务"一网通办"的"浙里办"App上线8年，汇聚3638项全省统一的政务服务事项、"健康码"等1500项便民惠企服务、"企业开办"等40件多部门联办"一件事"。目前，"浙里办"实名注册用户突破8200万户，日均活跃用户280万户。与此同时，浙江省政务协同平台——掌上办公App"浙政钉"，截至2022年注册用户数已达180万户，日活率达84%，浙江省公职人员接入一个平台进行工作沟通和办公协同，办公效率大幅提升。浙江省各地各单位（部门）基于"浙政钉"平台自建开发的应用数已超4000个，一个数字政务创新生态已经构建起来。同时"互联网+监管"、公共数据平台建设、社会信息化生态重建等领域的数字化建设和转型也取得了较好的成果。

2021年，是浙江省数字化改革元年，在全国范围内率先进行数字化改革的探索实践。2021年3月，按照浙江省委十四届八次全会决策部署，中国共产党浙江省委员会全面深化改革与发展委员会印发《浙江省数字化改革总体方案》（浙委改发〔2021〕2号）（以下简称"《方案》"）。《方案》明确数字化改革是围绕建设数字浙江目标，统筹运用数字化技术、数字化思维、数字化认知，把数字化、一体化、现代化贯穿到中国共产党的领导和经济、政治、文化、社会、生态文明建设全过程各方面，对省域治理的体制机制、组织架构、方式流程、手段工具进行全方位、系统性重塑的过程，从整体上推动省域经济社会发展和治理能力的质量变革、效率变革、动力变革，在根本上实现浙江省域整体智治、高效协同，努力成为"重要窗口"的重大标志性成果。

《方案》指导数字化改革的大方向：推进省域治理体系和治理能力现代化；为社会、市场、经济增添新动能，创造新价值，在更高层次、更高水平上，释放生产力、解放生产力、激活生产力，打造全球数字变革高地；重点推进一体化智能化公共数据平台建设，推进党政机关整体智治系统建设，深化数字政府系统建设，深化数字经济系统建设，推进数字社会系统建设，推进数字法治系统建设，推进数字化改革理论体系建设，推进数字化改革制度规范体系建设。

在一体化智能化公共数据平台建设中，《方案》提到：要加强共享开放的一体化数据资源体系建设；加强基础域建设，扩大公共数据按需归集和管理范围，实现

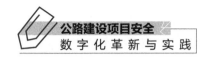

全领域数据高质量供给;加强共享域建设,构建大数据体系,形成全省共建共治共享、数据循环利用的机制,支撑重大改革应用;加强开放域建设,完善开放域工具,推动公共数据和社会数据融合应用,形成数据开放创新生态体系。

在深化数字政府系统建设的过程中,《方案》提到:要打造安全生产风险防控和应急救援应用。深入推进第二轮安全生产综合治理三年行动计划,聚焦交通运输、涉海涉渔、消防、危化品、建设施工、工矿、旅游、城市运行等八个重点领域遏制重大生产安全事故工作目标,集成行政审批、行政执法、危化品物流管控、渔船监管、消防安全风险评估、重大危险源监测预警、非煤矿山监测预警、水旱灾害监测预警、小流域山洪预警、建筑工地管理、特种设备管理、应急物资保障、基层安全生产风险处置等系统,建设安全生产风险识别、风险研判、风险防控、指挥救援、绩效评估等核心模块,运用企业安全风险评估、事故知识图谱、管控力指数等大数据分析,实现风险精准识别、高效处置、有效防范,提升应急管理精密智控水平。

2.2.2 浙江省交通数字化改革

按照《方案》的部署和要求,浙江省交通运输厅迅速推进浙江省交通行业的数字化改革。

2021年4月浙江省交通运输厅印发《浙江省交通数字化改革行动方案》,按照省委统一部署架构,突出一体化、数字化和现代化,统筹运用数字化技术、数字化思维、数字化认知对交通运输领域进行全面、系统的重塑。该方案提出交通数字化改革过程中需把握以下几个重点:

(1)改革场景是关键。谋划行有实效、管有闭环的业务改革点,通过流程再造、政策创新等,找到清晰的数字化业务场景。

(2)系统建设是基础。深入推进统一基础平台建设和信息系统统筹整合,通过跨部门数据共享、融合提升,支撑和服务业务改革。

(3)真用管用是生命。数字化改革成果突出实战实效,体现"管用""好用",成为政府日常监管、企业日常工作、从业人员日常操作、群众日常使用的平台。

(4)工作体系是保障。建立完善业务保障、技术保障、用户服务保障等体系,确保数字化改革稳定有效运行。

该方案设计交通数字化改革总体应用架构为"1+7+X"。其中,"1"是指全面应用浙江省一体化智能化公共数据平台,同时根据交通运输领域需求实际,建设一个统一的数字交通基础平台,夯实基础系统和行业数据,为交通数字化改革提供全面支撑,是全面应用省一体化智能化公共数据平台中的有机组成部分。"7"是指围绕党政机关整体智治、数字政府、数字经济、数字社会、数字法治五大方面,以业务为牵引,抓好公路、港航、机场三个条线以及工程管理、法治信用、安全应急、机关智治等四个跨条线综合业务板块的数字化改革。在"7"个板块的工程管理综合业务板块中,该方案要求打造工程质量安全数字化监管模块,构建省市县交通建设工程"线上+线下"纵向一体化的工程质量安全监管体系,实现在建重大交通建设工程质量安全动态监管、工程质量关键指标全过程管控及竣(交)工质量数字化评定等应用。同时,率先推进工程质量安全智控指数等场景应用。"X"是指在全面推进基础上,围绕重大任务进行重点突破。

2021年7月,为贯彻落实《交通强国建设纲要》精神和省委、省政府关于全面推进数字化改革以及建设高水平交通强省的决策部署,以高质量发展理念为引领,推进公路水运工程项目建设数字化改革,打造"平安百年品质"工程。浙江省交通运输厅印发《浙江省公路水运工程项目智慧建设三年专项行动实施意见(2021—2023年)》(以下简称《实施意见》)。《实施意见》中设置了"通过3年努力,全省高速公路、普通国省道公路、大型水运工程项目智慧建设实现全覆盖,工程智慧建设管理系统使用率达到100%,质量和安全生产管理实现智慧化管控"的总体目标;下达了"围绕公路水运工程项目施工过程质量和安全生产管理,建设工程智慧建设管理系统,对涉及质量和安全生产的数据进行自动采集、全程监控、实时管理,实现工程智慧化建设,构建工程智慧建设与行业智慧监管互联互通的工程质量安全智慧管理体系"的重要任务。

义东高速安全管理数字化思路

　　义东高速位于"浙中明珠"东阳市境内,建成通车后对促进义乌、东阳和永康三地社会经济发展、强化省内城市间联通具有重要意义。然而,义东高速的特点、社会环境、自然条件决定着义东高速在工程建设安全管理中面临着巨大的挑战。

　　立足新发展阶段、贯彻新发展理念、构建新发展格局,这对安全生产工作提出了更高的要求,国家对安全发展、安全生产的高度重视,政策法规的日趋完善,人们安全意识也逐步增强。同时,新兴数字化技术的不断涌现并与工程建设行业快速融合,我国各级人民政府大力推进传统行业的数字化改革。工程建设安全行业的发展也迎来了前所未有的有利环境条件。

　　那么,面对项目安全管理的挑战,是像往常一样硬着头皮上,依靠人力,解决安全管理中的各项问题,还是借助数字化技术,打破传统模式,改变安全管理模式,解决传统安全管理中的各种问题。显然,义东指挥部选择了后者。虽然革新的道路上必然会面对重重阻碍,但他们习惯披荆斩棘、架桥开路。踏着数字化改革的浪潮,义东高速选择开辟一条能够解决传统工程安全管理模式问题的工程安全管理数字化之路。

3.1 义东高速项目特点

3.1.1 义东高速项目简介

义东高速是义乌至东阳高速公路的简称,其中义乌段已于2018年1月12日0时通车运行,本书主要介绍坐落于浙江省东阳市的义东高速东阳段,该段工程自2020年6月开工建设,预计于2024年全线建成通车。

东阳是浙江省辖县级市,由金华市代管,地处浙江省中部,会稽山、大盘山、仙霞岭延伸入境,形成三山夹两盆、两盆涵两江的地貌,地势东高西低,属亚热带季风气候区。东阳市历史悠久,东汉兴平二年(195年)建县,1988年撤县设市,迄今已有1800多年的历史,是省级历史文化名城、国家卫生城市、国家森林城市、国家园林城市,享有歌山画水、浙中明珠、"三乡一城"(教育之乡、建筑之乡、工艺美术之乡、影视文化名城)的美誉。

东阳市不仅是浙中明珠,更是浙中重要的交通枢纽,甬金高速、诸永高速在境内交叉而过。义东高速南北向纵贯东阳,起点位于甬金高速,设湖田枢纽与义东高速义乌段相接,终点设王店枢纽接东永高速。义东高速由浙江省交通集团和东阳市人民政府共同投资建设,全长33.4km,双向6车道,总投资约100亿元。

该项目是浙江省高质量推进大都市区建设、实现东阳市域高速成环的重要组成部分,建成后将形成甬金高速、东永高速和诸永高速有机相连的高速网络,对强化金义都市核心区与杭州、宁波、温州三大都市区间的互联互通,将义乌小商品城、东阳中国木雕城、横店影视城和永康五金城串联在一起,对促进义乌、东阳和永康三地社会经济发展具有重要意义。

在规划建设过程中义东高速分为南北两个项目,即北侧江北至南市段和南侧的南市至南马段。其中,北侧部分为纵贯东阳市主城区的江北至南市段,南侧部分为贯通东阳南部的南市至南马段(图3-1)。

图 3-1　义东高速南段互通规划示意图

义东高速江北至南市段起自东阳城北甬金高速,设湖田枢纽与义东高速公路义乌段相接,路线沿东阳城区既有市政道路中央分隔带架设高架桥向南布线穿越东阳城区,在江滨北街设置东阳西互通与地面道路连通,跨东阳江后沿八华路中央分隔带继续设高架穿东阳城区,至白云变电所西侧折向东南,沿城南西路继续设高架,跨甑山路后设白云互通与 G527 国道相接,跨 S217 省道(在建)、G527 国道后设 3247.5m 特长隧道穿西甑山,出隧道后与义东高速南市至南马段相接,路线全长 10.7km。同时,本项目需同步恢复改造城区段高架桥下市政道路并顺接至 S217 省道(在建),全长 4.75km。

义东高速南市至南马段起点位于东阳南市街道,顺接建义东高速公路江北至南市段,路线往南经横城西侧设西坞大桥上跨稠岭线,继续前行跨三门至婺城公路(在建)设置画水互通,过安儒东前行设天神殿特长隧道,出隧道后沿山脚往南至沧江东侧设置花园互通与大永线相接,设花园特大桥跨 S217 后沿花园村福山景区西侧山脚过,于南马镇东南侧设横店特大桥跨南江和南下线,双溪口设南马互通接南下线,往南设防军隧道,出洞前行利用两侧山坡地设置南马服务区,后经南湖西侧至终点王店,设王店枢纽与东永高速相接,并预留规划温义高速的接入条件,路线全长 22.731km。

3.1.2　义东高速项目安全管理主要特点

义东高速工程施工除具有普通交通工程建设"线长、点多、面广"的基本特点外，义东高速项目安全管理还具有以下特点。

1）主线桥隧占比高且桥隧规模较大

义东高速主线全长33.431km，主线桥梁长15.345km，主线隧道长6.940km，主线桥隧长度合计占比为66.66%。其中，江北至南市段主线长10.700km，主线桥梁长6.586km(不包括互通区匝道桥梁长度)，主线隧道长3.248km，主线桥隧长度合计占比为91.91%；南市至南马段主线全长22.731km，主线桥梁合计长度8.759km，主线隧道长3.692km，主线桥隧长度合计比为54.78%。

由于桥梁数量多，规模较大，导致在进行现浇连续箱梁施工、钢混叠合梁施工过程中均潜在较大的安全管理风险；桥梁预制梁板数量多、重量大，在运输和装配施工过程中均存在潜在的安全管理风险。

义东高速项目所涉及的隧道长且地质条件复杂，其中西甄山特长隧道需穿越3个断层和1处节理密集区，天神殿特长隧道需穿越矿洞采空区，隧道内施工、通风降尘、排水、进出洞口均存在潜在安全管理风险。图3-2为穿山而过的义东高速施工现场图。

2）涉及大面积城区道路工程施工

涉及大面积城区道路工程施工，施工难度大，涉及因素多，具有十分显著的"城区高速公路"(图3-3)特点，具体如下：

(1)道路交通安全管理压力较大。义东高速北侧的江北至南市段纵贯东阳市繁华的主城区，施工涉及6条公路(包括1条高速公路、1条国道、1条省道、3条乡道)和18条市政道路(包括广福西路、八华南路、兴平西路、东义路、城南西路等市政主干道)，其中多为市区繁华道路，道路施工安全管理压力大。义东高速南侧的南市至南马段施工涉及道路包括1条高速公路、2条省道、5条县道、7条乡道、2条市政道路、12条村道，同样存在较多的道路施工。

(2)施工推进困难及现场不确定因素较多。义东高速项目北侧的江北至南市段大部分区段地处东阳城区既有市政主干道附近，沿街商铺多，很多地段桥梁下部结构邻近商铺店面。同时,东阳市城区市政道路的地上管线多,地下管网交错复杂、对应管线管理部门多。政策协调处理复杂,存在推进受阻及现场不确定的安全管理风险。

图 3-2 穿山而过的义东高速施工现场图

图 3-3 穿城而过的"城区高速公路"

（3）平面和立体交叉作业较多。义东高速项目北侧的江北至南市段主线高架桥大部分沿东阳城区市政主干道路位置建设,高架桥施工与桥下改造地面道路施工之间存在立体交叉,18条地面市政道路与周边众多市政道路存在平面交叉。各类城区地下管线由各自相关管理单位负责迁改,该部分管线迁改与本项目工程施工存在平面交叉。义东高速项目主线高架桥和桥下改造地面道路上跨已建金义东轻轨地下盾构隧道,西甄山隧道下穿杭温高铁梧坞隧道同步施工。

(4)环境保护和文明施工要求较严。义东高速项目大部分区段位于东阳城区范围,社会公众及相关管理部门对本项目施工期间的环境保护和文明施工方面的要求特别严。

3)义东高速项目涉及土石方工程量较大

义东高速项目存在9处坡面高度大于30m的岩质挖方高边坡,路基断面起伏,兼具隧道施工,土石挖方、填方量大。土石方开挖、运输及临时堆放等施工安全风险,需要特别予以重视。

4)义东高速项目很多工程部位存在较大安全风险

根据项目的《施工安全总体风险评估报告》,由于义东高速项目本身特点和人文、自然条件影响,项目存在多处较大及以上风险单位工程。其中,包括1处重大风险(Ⅳ级)单位工程,37处较大风险(Ⅲ级)单位工程或施工区域,以及19个一般风险(Ⅱ级)和4个较小风险(Ⅰ级)的评估单元。

总体来看,义东高速项目的安全生产面临着很多来自社会和自然的风险与挑战,复杂的自然条件、高难度高强度的施工工作、大量的项目参与人员和设备、"城区高速公路"的复杂条件,都为项目带来了众多安全隐患,项目的安全管理也因此面对诸多挑战。

3.2 义东高速探索项目安全管理新思路

3.2.1 探索解决安全管理问题方向

义东高速是省内重要的高速公路建设项目,必须确保项目安全、高效、高质量建设。在项目建设中,建设单位必须面对行业和项目特点带来的各种安全管理的压力和问题。目前的安全管理系统显然无法高效地应对这样的压力和问题。然而,义东指挥部改变思路,重新探索解决安全管理难题的思路。

解决安全管理中的问题,首先要明确问题的根本,而安全管理的根本在于遏制安全事故的发生。因此,在思考如解决提升和完善项目安全管理时,义东指挥部首先想到了从遏制安全事故的发生入手,如通过研究海因里希法则、事故因果连锁论、墨菲定律等,寻找解决问题的方向。

1941年,美国安全工程师海因里希通过调查55万起机械事故后发现,其中死亡、重伤事故1666件,轻伤48334件,其余则为无伤害事故。从而得出一个重要结论,即在机械事故中,死亡或重伤、轻伤或故障以及无伤害事故的比例为1:29:300,国际上把这一法则称为"海因里希法则",又称为"300:29:1"法则。这个法则说明,在机械生产过程中,每发生330起意外事件,有300件未产生人员伤害,29件造成人员轻伤,1件导致重伤或死亡。这一法则完全可以用于企业的安全管理上,即在一件重大的事故背后必有29件轻度的事故,还有300件潜在的隐患。

之后,海因里希还在《工业事故预防》一书中提出了事故因果连锁论,用以阐明导致伤亡事故的各种原因及与事故间的关系。该理论认为,事故的发生不是一个孤立的事件,而是一系列事件相继发生的结果,即遗传和社会环境造成人的缺点,人的缺点使得人或物的不安全行为或状态产生,继而导致事故的发生,最终造成人员伤亡。海因里希将这一过程形象比喻成多米诺骨牌倒塌的过程。如果前面的情况发生,则可能出现连锁反应,最后导致伤害的出现。因此,海因里希连锁理论又被称为多米诺骨牌理论。图3-4为海因里希连锁理论示意图。海因里希事故因果连锁理论提示我们,提前阻断事故发生的链条,增加中间环节的稳定性则可以避免事故和伤害的发生。

墨菲定律是20世纪西方文化三大发现之一,由美国工程师爱德华·墨菲提出。简单地说,只要发生事故的可能性存在,不管可能性多么小,这个事故迟早会发生的。如果长期往复进行此项工作,事故则会必然发生。就像飞机飞行中出现事故是非常小概率的事件,但我们仍会时不时听说有飞机失事的新闻。墨菲定律强调了小概率事件的重要性和必然性,虽然危险事件发生的概率小,但在一次实践中仍然可能发生,侥幸心理和麻痹大意只会增加事故发生的概率。因此,小概率事件不能忽视,必须引起高度重视。

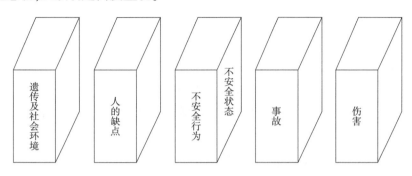

图 3-4　海因里希连锁理论示意图

综上所述,海因里希法则反映了危险因素是发生事故的前提,事故因果连锁论反映了阻断事故发生链条的必要性,墨菲定律则说明存在危险因素时小概率事件发生的必然性。因此,在项目安全管理中,只有穷尽一切手段,尽可能找到可能引起事故的安全隐患并加以整改,才能避免人或物的不安全状态,消除生产中的危险因素。然而,要想排查出全部的安全隐患,依靠原有的安全管理系统是无法实现的,唯一的途径是实现安全管理的全员参与。只有做到全员参与安全管理,动员每一个人、每一双眼睛,才能将项目中安全隐患尽可能排查出来。

3.2.2 设立项目安全管理目标

义东指挥部明确了全员参与安全管理的大方向,为义东高速的安全管理制定了更高水平的目标:义东指挥部围绕省级"平安工地"和国家"平安工程"创建要求,结合工程特点,牢固树立安全发展理念,营造项目建设安全氛围,强化底线思维和增强红线意识,坚持问题导向、目标导向、结果导向;根据上级有关部门(单位)的要求和本工程实际情况提出义东高速项目安全管理层层递进的 3 个层面目标,即过程目标、结果目标和综合目标,综合为义东高速安全生产"531"目标。

1)5 个过程目标

(1)安全管理网格化。

(2)现场防护标准化。

(3)风险管控科学化。
(4)隐患治理常态化。
(5)应急救援规范化。

2)3个结果目标

(1)实现"零亡人、少损失"目标。
(2)实现省级"平安工地"示范工程创建目标。
(3)力争实现交通运输部公路水运建设项目"平安工程"冠名创建目标。

3)1个综合目标

打造"高速公路精细化施工安全管理标杆"。

3.2.3 明确项目安全管理思路

义东高速认真贯彻《中共中央国务院关于推进安全生产领域改革发展的意见》(中发〔2016〕32号)基本原则,吸取行业各级主管部门关于打造平安工地、品质工程的指导意见,以法律、法规、规章、规范、规范性文件、设计图、招投标文件及合同等为依据,充分汲取浙江交投高速公路建设管理有限公司多年来建设项目安全管理的优秀经验,以"品质工程、匠心智造"为指引,树立"隐患就是事故"的安全管理理念,围绕"1条主线",推行"3项举措",确保"5个到位",全面实施项目建设安全生产管理。总结提炼为本项目"135"安全管理思路。

1)围绕"1条主线"

为有效实施本项目工程施工安全管理,义东指挥部联合浙江省交通运输科学研究院、浙江交科交通科技有限公司,在总结和提炼多年、多个项目工程安全管理实践经验的基础上,创新性提出"目标牵引OS3C安全循环管理模型",即"135"安全管理思路的"1条主线"。

在"目标牵引OS3C安全循环管理"中,"O"指项目安全管理目标(objective),"S3C"指在目标牵引下,发挥各参建单位主观上追求安全的意愿和管理能动性,将工程施工安全管理过程分为谋划(scheming)、施工(construct)、检查(check)、总结(conclude)等4个方面,简称为"S3C"。"目标牵引OS3C安全循环管理"可以简要概括为:以项目安全管理目标为牵引目标,抓好事前谋划,有效督促参建单位落实安全生产主体责任和保障安全生产条件,强化施工过程检查和事后总结提升,并以此为循环,不断迭代,使得安全管理水平和保障能力阶梯式上升。图 3-5 为"目标牵引 OS3C 安全循环管理"模型示意图。

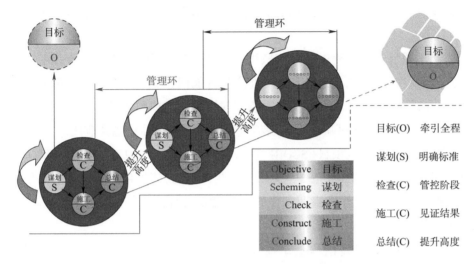

图 3-5 "目标牵引 OS3C 安全循环管理"模型示意图

2）推行"3 项举措"

针对本项目工程土石方工程量大、桥梁规模大、隧道长度长、涉及道路交通安全管理压力大、施工安全总体风险等级在较大及以上的单位工程多等安全管理特点,结合本项目梁板运输安装、钢混叠合梁施工等难点和重点情况,本项目拟推行以下"3 项举措"：

(1) 全面推行安全顾问技术服务,充分发挥其助力作用。

根据《中华人民共和国安全生产法》《财政部交通运输部关于推进交通运输领域政府购买服务的指导意见》(财建〔2016〕34 号)、《浙江省人民政府办公厅转发省安监局关于推进安全生产社会化服务工作的意见的通知》(浙政办发〔2016〕7 号)、《浙江省交通运输厅关于推进全省交通运输行业安全生产领域改革发展的实施意见》(浙交〔2018〕68 号)等要求以及本项目招投标文件有关约定,义东指挥部根据本项目特点,拟引入综合安全、设备专项、工程保险等 3 类安全顾问服务,充分发挥第三方顾问单位的专业技术优势和指导作用,全面提升项目安全管理水平和安全保障能力。

（2）全面推行智慧工地建设，提高科技化、数字化管理水平。

①在本项目针对施工阶段开展各类 BIM 应用（如虚拟建造、方案模拟、可视化工程控制管理等），充分结合 BIM 可视化、模拟性、协调性的特点，针对性解决本项目施工安全管控的重点、难点问题，旨在从技术和管理层面提高施工安全的可控性。

②在本项目施工过程中进行信息化管理，应用"平安义东"安全管理数字化系统（以下简称"平安义东"系统）视频监控及智能门禁系统、智慧用电系统等智能化、信息化系统，对人员、设备、安全隐患实现智能化管理和评价。

（3）全面推行企业可持续性发展项目管理与安全标准化融合应用。

①企业可持续发展项目（SCORE 项目）。义东指挥部拟通过开展活动来改善作业人员安全生产环境，规范作业人员安全生产行为，使项目安全文化向基层人员渗透，增强全员安全意识和自我安全管理的意识，提高水平和综合素质，形成夯实班组安全管理的长效机制。

②义东指挥部拟出台《项目工程安全标准化管理手册》，对安全标志、安全防护设施、通道等安全设施进行规范要求，指导各参建单位安全标准化建设。

3）确保"5 个到位"

在义东高速项目建设过程中，义东指挥部通过发布实施各种详细的安全管理措施确保"5 个到位"（安全责任到位、安全投入到位、安全培训到位、安全检查到位和应急救援到位），保证项目施工的安全生产。

3.2.4　义东高速安全管理数字化理念

义东高速自 2019 年 12 月项目土建施工招标起，便开始谋划新的安全管理系统的构建。义东指挥部反思当前行业安全生产状况、安全管理系统中存在的问题、义东高速项目建设中面临的挑战，明确了落实安全管理全员参与的大方向，设定了安全生产"531 目标"，理顺了项目"135"安全管理思路，开启了对传统安全管理的改革。在数字化改革的浪潮之下，义东高速安全管理改革的实践途径也已经跃然纸上，即把握浙江省交通行业数字化改革的机遇，全面开展安全管理数字化改革，开辟一条新的工程安全管理数字化道路，对工程项目的安全管理进行制度重塑、系统重构、流程再造,打造一套实用、好用的安全管理数字化系统。在系统构建的过程中,义东指挥部紧紧把握以实际问题为导向和围绕数字化改革顶层设计两条主线对安全管理数字系统进行构建。

1) 以实际问题为导向解决安全管理难题

为了构建这样的安全管理系统,针对项目安全管理中的问题,浙江交投高速公路建设管理有限公司秉持"底层应用和顶层设计同步推进"的理念,直面公路施工安全管理的痛点、难点,运用数字化技术手段,构建一套项目安全管理数字化系统。

针对目前公路施工行业安全管理及义东高速建设安全管理的特点和难点,义东高速指挥部在安全管理的数字化改革中,计划借鉴前文提到的在工程项目中应用的数字化技术(如物联网技术、GIS 信息系统与精确定位技术等),通过集成数字化的数据采集、大数据分析功能、多种系统算法功能,配套新的安全管理制度和流程,实现对项目隐患、人员、设备、危险源、危大工程等全方位、全过程和全员的安全数据数字化采集、智能化分析;通过数字化系统构建和流程再造,改变目前主流安全管理系统采集效率低下、流程烦琐、文件化存储的模式,便捷安全管理流程,提高安全管理效率,做到"将复杂留给系统、将简单留给一线",为建设单位和参建单位的安全管理降本增效。既实现便捷化安全管理,又实现安全管理的可视化和智能化,为项目的安全管理的决策提供依据。

具体来说,针对交通建设工程安全管理的问题以及义东高速的建设特点,义东指挥部希望通过构建新的安全管理数字化系统,在安全管理中实现以下"5个转变":

(1) 从单打独斗到全员参与。

针对本项目人员密集、管理困难;原有系统的安全管理责任划分模糊;安全管理仅靠安全管理部门单兵作战等问题,新系统需要实现以下几点:

①应用数字化技术和配套管理制度,实现对项目中每个参与人员的精细化安全管理。

②压实安全生产责任,通过进行工点的网格化管理,真正实现"一岗双责"落地。

③实现安全风险、隐患排查的全员参与。

④保障安全生产教育全员参与,提升教育培训效果,提升全员安全素养。

(2) 从落实不严到清单闭环。

针对本项目施工条件复杂，安全隐患产生的因素众多；原有的安全管理水平受管理人员素养限制严重；安全隐患重查轻改等问题，新系统需要实现以下两点：

①系统提供安全检查清单，标准化人工安全检查项目流程。

②风险隐患清单闭环处置，从清单下发，处置结束，每个相关人员的履职痕迹在系统内清晰留存，做到落实责任，精准闭环。

(3) 从复杂烦琐到基层减负。

针对本项目规模大、人员设备众多、安全管理成本高，原有的安全管理系统中资料人工采集、线上线下两边走，资料流转步骤复杂烦琐等问题，新系统需要实现以下两点：

①通过物联网设备、移动App、二维码等进行安全数据采集和上传，数据自动生成台账、表单，为基层工作减负。

②实现人员、设备、安全检查等安全数据实现在系统内的互联互通，让数据在不同部门、层级间同步共享，优化资料周转流程，实现精准、高效的信息管理及释放安全管理生产力。

(4) 从听见看见到实时掌控。

针对本项目复杂的生产和安全管理状况，原有系统无法对项目的安全状况进行实时监控和评估，新系统需要实现以下3点：

①全面、实时收集工程建设信息以及人员、设备、工点的安全隐患信息并实时监控。

②在系统中建立风险源隐患库，为项目安全隐患管理数字化提供基础。

③建立项目安全管理评价机制，系统依据实时的安全数据对项目安全状态进行实时、量化评估。

(5) 从经验判断到数字研判。

针对原有系统安全数据分析滞后、无法对数据进行高效利用的问题，新系统需要实现以下两点：

①利用大数据统计分析算法，智能分析安全隐患数据，形成量化的安全隐患评价。

②通过智能统计分析项目中各种安全数据，实现对安全风险的预警分析，为安全管理提供决策依据。

2)围绕数字化改革顶层设计进行安全管理数字化

在浙江省交通数字化改革中,义东高速作为首批数字化试点工程,肩负着打造"数字浙江"高速公路建设"金名片"和城区高速公路建设"标杆工程"的任务及使命。借浙江省数字化改革的东风,义东高速踏上了自己的安全管理数字化改革之路。

前文提到,浙江省数字化改革中,《方案》提出了"推进省域治理体系和治理能力现代化""加强共享开放的一体化数据资源体系建设""在更高层次更高水平上释放生产力、解放生产力、激活生产力""打造安全生产风险防控和应急救援应用""实现风险精准识别、高效处置、有效防范,提升应急管理精密智控水平"等部署。

具体到浙江省交通数字化改革,浙江省交通运输厅在《浙江省交通数字化改革行动方案》中指出:"改革场景是关键""系统建设是基础""真用管用是生命""工作体系是保障",在工程管理等综合业务中实现"安全生产管理实现智慧化监管"。《实施意见》中指出:"对涉及质量和安全生产的数据进行自动采集、全程监控、实时管理。"

义东高速的数字化改革,以实际问题为导向,在解决一系列工程安全管理中的难题的同时,落实浙江省关于数字化改革的部署规划,在安全管理数字化改革和系统设计中树立如下目标:

(1)找到清晰的数字化业务应用场景。从实际问题和需要出发,通过制度重塑、系统重构、流程再造,开发新的安全管理数字化应用场景,使工程建设各参与方在安全管理方面实现降本增效。

(2)将新系统建设成为共享开放的一体化的数据资源系统,实现探索跨部门间数据互联共享互通,为系统在浙江省互通进行探索。

(3)在系统中构建并完善数字化的人员、工地、设备管理体系,风险处置体系,安全生产风险识别、研判、评估、防控、应急指挥等核心模块,构建安全风险管理图谱,提升风险识别、处置、防范水平。

(4)将系统建设成为"真用""管用""好用"的安全管理系统。贴近业务实际,一线管理者能够快速上手使用,提升安全管理质量和效率。做到"把复杂交给系统,把简单留给一线"。

4

"平安义东"系统建设

  为了贯彻国家对工程建设安全生产的要求，解决交通工程建设安全管理中的痛点、难点问题，义东高速从安全管理实际问题出发，依据浙江省数字化改革的规划设计，明确了安全管理数字化改革的思路，设定了具体实施的方向目标。在推进安全管理数字化改革的进程中，全面推行智慧工地建设，应用先进技术、提高数字化管理水平。对工程项目的安全管理进行制度重塑、系统重构、流程再造，突破传统安全管理体系，构建一套不只是"合规"、更加主动、全员参与、互联互通、好用、易用的安全管理新系统、新机制。

  "平安义东"系统寄托着义东指挥部对平安工地建设的殷切期望。根据安全管理数字化的思路和建设目标，义东高速为"平安义东"系统架梁搭柱，为"平安义东"系统设计了"1+2+10"的总体架构；在功能上实现安全管理数据底层数字化采集，中心处理，顶层管控，让"平安义东"系统做到一线人员可"用"、管理人员可"看"、安全生产可"管"、安全风险可"控"。

4.1 "平安义东"系统总体架构

秉持着义东高速安全管理数字化以实际问题为导向解决安全管理难题和围绕数字化改革顶层设计进行安全管理数字化的原则，义东指挥部将"平安义东"系统的架构设计为"1+2+10"的总体架构，即以一个平台为中心、应用两个使用终端、实现十大功能模块的应用。

一个平台是指义东项目安全智控中心（图4-1），是"平安义东"系统的总控制中心，集成项目安全情况监控、风险预测、安全管理等各种功能。通过该平台，项目管理人员可以了解到工程安全管理中从微观到宏观的各种信息、完成各类安全管理操作。

两个使用终端是指"平安义东"手机端应用和电脑端"义东项目安全智控中心"门户网站。

项目安全管理人员通过"平安义东"手机端应用，可以查看项目安全相关信息、采集、录入安全数据，进行各种安全检查，履行隐患排查整改、应急管理等职责。其他项目参与人员也可以通过该手机应用查看项目中安全相关的各种信息、举报项目中的安全问题和隐患、进行安全知识的学习等。

电脑端"义东项目安全智控中心"门户网站是"平安义东"系统安全管理平台的电脑门户，主要对参建单位安全管理人员开放，各单位人员通过该门户网站可以实现监控项目安全状态、安全信息数据查询、发起审批安全管理流程、分类统计安全隐患等诸多安全管理功能。

十大功能模块是指"平安义东"系统内集成的十个主要功能模块。十大功能模块都集成在"义东项目安全智控中心"中，管理人员可以通过智控中心实现项目安全"一屏掌控"。

设计了"平安义东"系统总体架构后，还需要对系统功能进行支持和串联。在工程安全管理中，不同建设单位之间、建设单位与参建单位之间、各合同段参建单位之间往往没有一个统一的安全管理标准，各单位安全管理水平同样参差不齐。因此，从标准化安全管理的需求出发，"平安义东"梳理并建立了一套统一的安全管理标准帮助各单位进行统一的数字化安全管理；构建一个相对完善的风险源隐

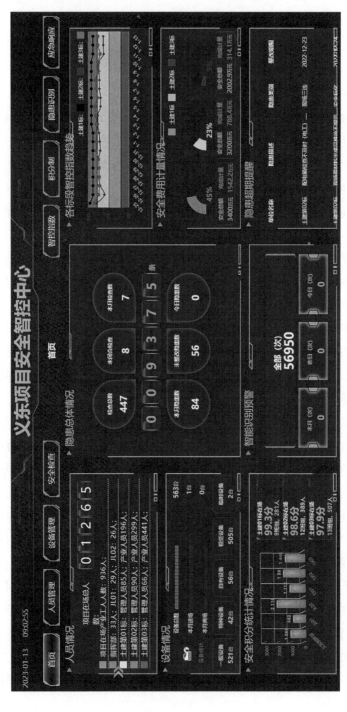

图4-1 义东项目安全智控中心主界面

患库,帮助安全管理人员高效识别项目建设中的风险隐患,实现安全隐患数字化。从数字化管理的角度出发,为实现安全数据的标准化采集、汇总处理、流转互通、统一管理,"平安义东"还构建了统一的数据采集、传输标准,实现数字化标准的统一,进而保障数据互联互通,不同部门、不同业务间相互关联。

面对海量的安全数据,"平安义东"系统构建安全管理后台数据库,对数据进行汇总分析,连接平台及各种终端,不仅项目基础信息、各参建方信息、安全管理责任清单等静态信息,还实时收集来自终端的安全检查信息、人员、设备等信息,实时评估项目的安全风险信息,分类汇总,向安全管理平台和移动终端发送信息及各种级别的提示。

4.2 "平安义东"系统功能模块

"平安义东"系统,集成了综合信息、网格工点、人员管理、设备管理、风险管控、隐患排查、应急管理、安全费用、智能安监、电子台账十大功能模块。

4.2.1 综合信息

综合信息模块主要用于查询项目的安全管理信息,同时具备安全管理信息上传下达的功能。图4-2为综合信息模块中的子模块划分和主要功能。

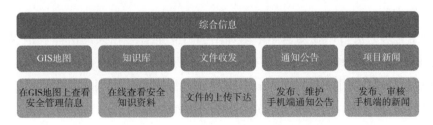

图4-2 综合信息模块中的子模块划分和主要功能

1)GIS 地图

GIS 是一种在计算机硬、软件系统支持下,以采集、储存、管理、分析和描述整个或部分地球表面(包括大气层在内)与空间和地理分布有关的数据的空间信息系统。很多行业和领域在信息化和数字化的过程中，都将与自身相关的信息同 GIS 地图进行有机的结合。

"平安义东"系统中的 GIS 地图将项目的部分基本信息和安全管理信息在地图上进行集成，使用者可以在地图上直接查看各合同段、不同工程部位的安全状况、风险源信息、未整改闭环的安全隐患、特种设备的位置及信息（图 4-3、图 4-4）。例如，在生活中，通过高德地图、百度地图等 App，人们可以轻松掌握交通状况、目的地位置、商户详情等多种相关信息，通过 GIS 地图，管理者可以实时清晰地了解过去"看不见摸不着"的项目风险隐患位置和情况，及时应对安全风险或调整安全管理策略。

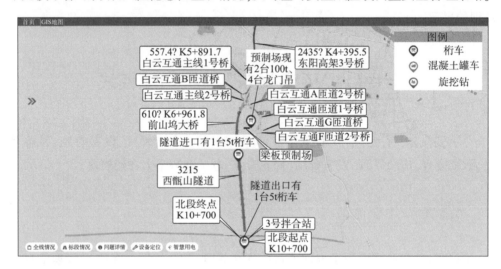

图 4-3 "平安义东"系统中的 GIS 地图示意图

2）知识库

安全管理人员可以在知识库中添加本项目安全管理相关的法律规范、标准规范、标准图册，添加、编辑和查看本项目安全管理的规章制度、标准表单、规程。其他参建人员可以在门户网站或 App 中查看以上信息，让安全制度更方便传达给每个项目参与者。图 4-5 为"平安义东"系统知识库。

3）文件收发

该模块中，建设单位可以下发安全管理相关的文件，其他单位则需要在"平安义东"系统中进行签收。通过统一收发路径，改变以往邮箱发送文件式烦琐、传达不到位的状况，及时传达安全管理专项文件，同时防止信息传递中可能的争议。

图 4-4 在地图中点击安全隐患点显示隐患详情

序号	资料类别	子类	资料名称	上传日期	资料附件
1	法律法规	部门规章	《公路隧道施工技术规范》(JTG F60—2009)	2019-05-21	附件查看
2	法律法规	部门规章	平安工地考核管理办法	2019-05-22	附件查看
3	法律法规	部门规章	《公路工程施工安全技术规范》(JTG F90—2015)	2019-05-21	附件查看
4	法律法规	相关法律	22	2022-06-30	附件查看
5	法律法规	部门规章	建设工程安全生产管理条例	2019-05-22	附件查看
6	法律法规	行政法规	生产安全事故应急条例	2019-05-22	附件查看
7	法律法规	行政法规	公路水运工程生产安全重大事故隐患挂牌督办制度	2019-05-22	附件查看

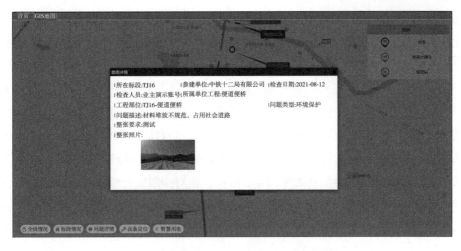

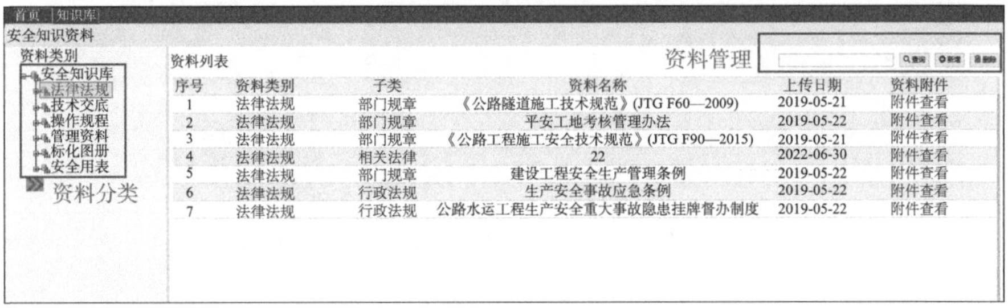

图 4-5 "平安义东"系统知识库

4）通知公告和项目新闻

通知公告和项目新闻模块起到项目安全相关重要事项和新闻周知的功能，管理人员可以在管理平台编辑与发布通知和新闻，在 App 中显示给参见人员。

4.2.2 网格工点

"平安义东"系统在工程安全管理过程中，为了落实安全管理责任，将人员和安全责任对应，推进"一岗双责"真正落地，进行精细化网格化管理。在安全管理中，对局部工程部位继续解构，将其解构成为负责具体工作的工点。例如，湖田枢纽 A/C 岔道桥下部（涉甬金高速）这一工程部位，就被分成了桩基施工、墩柱施工、盖梁施工等工点。每个网格工点都配备网格员、监理员、技术员、安全员及对应班组和产业工人。

管理人员在"平安义东"系统中按照系统中的工点解构规则进行工点划分；指定网格内以上人员的安全管理责任、检查清单、检查频率、促进"一岗双责"落地。其中，网格员是"平安义东"系统中新引入的管理人员，负责网格日常安全检查和安全隐患整改监督。

在工点安全管理中，"平安义东"系统创新引入"工点安全码"（以下称"工点码"），在工点码中同步以上工点人员信息，同步工点的风险管控清单、隐患排查清单、网格检查清单，同时通过安全积分制（积分制见5.1节），考核工点的安全状况。工点各责任人员通过扫描工点码，按照自己需要履职的清单进行安全管理工作履职。网格工点模块中的子模块划分和主要功能如图4-6所示。相对一般安全管理中安全责任划分不明确、现场管理效率低，网格化工点管理使安全检查更加规范，人员职责划分更加清晰，工点码则使工点安全管理更加便捷、隐患排查整治高效闭环、安全履职痕迹清晰可循。

图4-6 网格工点模块中的子模块划分和主要功能

1）结构分解

该模块中，管理人员可根据工程部位的解构规则，对工程进行分解，实现具体工点的划分并生成相应的"工点码"。

2）工点维护

管理人员可以根据工点的情况，确定或变更工点的技术员、安全员、监理员等责任人员。

3）网格积分

允许使用者查看各个网格工点的积分情况，查看有扣分项目的工点的扣分项目和对应的隐患情况。

4.2.3 人员管理

一般的安全管理中，很难实现对大规模流动人员的安全管理，安全教育、安全生产责任也很难落实到位,安全管理的全员参与更无从谈起。"平安义东"系统在进行人员安全管理中,创新推出"人员安全码"(以下简称"人员码")。

在每个项目参与人员进场时,首先登记其个人的基础信息,进行进场前安全交底培训并在交底后进行安全考核。考核通过的人员将获得自己的人员码,其个人信息、安全交底和考核纪录等信息都会同步在人员码中。在后续的工作中,与该人员相关的安全问题追责、安全教育培训等信息都会同步在个人的人员码中,同时据此形成人员安全积分作为个人考核、奖惩的依据(人员码和积分制在本书"5. 安全管理数字化应用场景"中详述)。安全积分及相关的奖惩信息通过底层人员码获得。人员安全信息会实时上传到数据中心进行汇总,并实时反映到项目安全管理平台。

义东高速项目中人员码和积分制在人员安全管理中的使用,最大限度地解决了一般安全管理系统中人的不安全行为难以应对的问题,提高了人员管理效率,将安全生产职责落实到每一个项目参与人员,做到安全管理的全员参与,提升了人员总体的安全素养。图 4-7 为人员管理模块中的子模块划分和主要功能。

图 4-7　人员管理模块中的子模块划分和主要功能

1)人员控制中心

该模块集成在安全管理平台主页面中,可以直观地显示各合同段人员数量、人员在场及离场情况,统计人员进场趋势。图 4-8 为"平安义东"系统"人员控制中心"界面。

2)人员信息

在该模块中,使用人员可以查看项目中登记的全部人员信息,查看、导出人员档案、相关台账、物资领用清单。统计人员信息,进行重新进场登记,领用物资的维护。图 4-9 为"平安义东"系统"人员信息"界面。

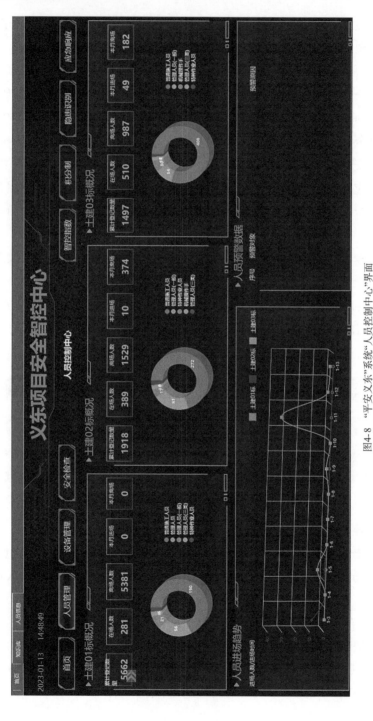

图4-8 "平安义东"系统"人员控制中心"界面

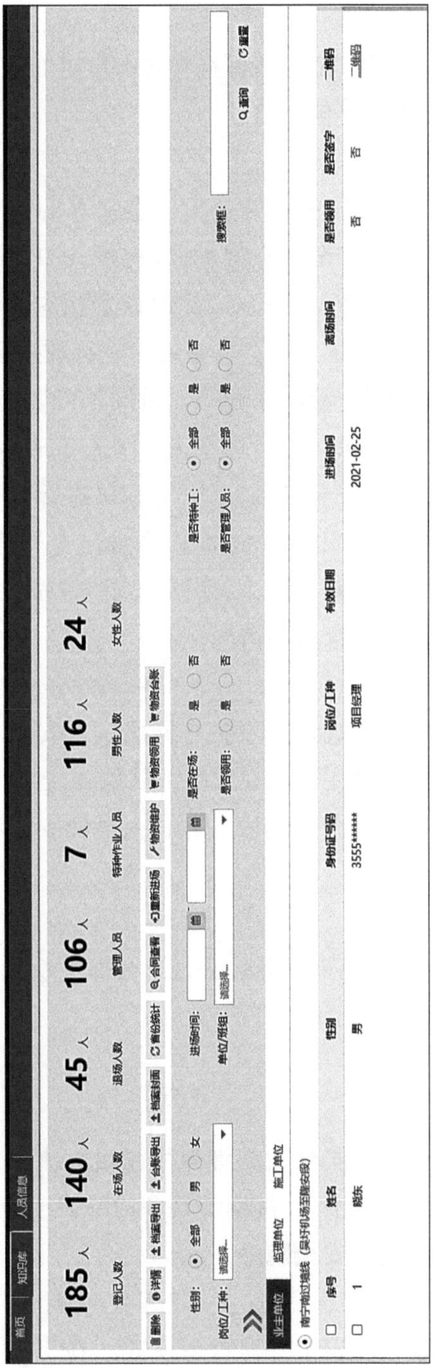

图4-9 "平安义东"系统"人员信息"界面

3）班组信息

在该模块中，可以分合同段、工程位置查看各个班组的进出场、负责人、班组长联系方式、人员进场、在场情况等信息。

4）安全教育

安全教育是"平安义东"系统中提升全员安全素养的重要内容。在系统的安全教育模块中内置多种类型的安全教育素材，以视频、PPT、图文等形式，通过移动端在线上为各参建人员提供教育培训服务，同时设置相应的教育培训考试。参加培训的人员的安全学习纪录、考试成绩会在系统中进行数据记录并生成内业资料。在线下，同样开设安全教育课程，参加课程的人员同样可以通过"人员码"、人脸识别的方式将自己的教育培训记录同步到系统上。义东高速项目建设中，每个人的安全教育培训数据都与人员的安全分数挂钩，对积极进行安全学习的人员进行分数奖励，激发了人员的安全学习积极性，进而提高参建人员整体安全素养。在"义东项目安全智控中心"的安全教育模块中，使用者则可以按合同段查看各单位组织的安全教育情况、人员的安全教育培训情况。

5）安全积分

在该模块中，使用者可以宏观地查看各合同段实时安全积分以及各合同段积分的变化趋势、查看每个合同段在各标准维度下的积分、各个参建单位所查出的安全隐患数量；微观上可以查看每个合同段、工点、人员的安全积分并查看扣分的项目及具体安全隐患及整改情况。

6）人员打卡

在该模块中，管理人员可以分合同段、分班组分类查看人员的打卡考勤状况。

4.2.4 设备管理

在很多工程项目中，对设备安全性的管理往往相对疏忽，设备老旧、校验维护不及时、维修保养（以下简称"维保"）过期等现象时有发生。这种"物的不安全状态"会给项目施工带来非常大的安全隐患。

为预防"物的不安全状态"，"平安义东"系统在对设备进行管理时，采用"设备安全码"（以下简称"设备码"）的管理模式。在每个设备进场时，为其进行进场登记并赋予设备码,详细记录其基本信息、归属信息、维保状态等。设备管理人员通过扫描设备码对设备进行登记、验收、维保信息、关联人员的记录。与人员码类似,通过底层设备码登记的设备安全信息会实时上传到数据中心进行汇总并实时反映到项目安全管理平台。在设备出现维护、维保,临期、超期,检查出隐患,有人举报隐患时,系统都会向设备管理人员发出提示信息,要求其及时整改。

设备码的引入,大大降低了对设备管理的难度,通过系统自动提示,最大限度地避免了"物的不安全状态"出现。图4-10为设备管理模块中的子模块划分和主要功能。

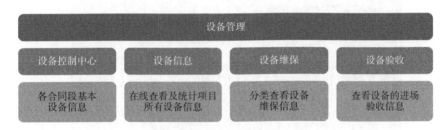

图4-10 设备管理模块中的子模块划分和主要功能

1)设备控制中心

设备控制中心集成在安全管理平台主页面中,显示各合同段的数量、种类等信息的分类统计、设备进场趋势、设备隐患预警、设备隐患警告信息(图4-11)。

2)设备信息

该模块中,使用者可以按合同段、设备类型等属性分类统计项目中登记的设备,查看每个设备的基本信息及"设备码"(图4-12)。

3)设备维保和设备验收

这两个模块中,使用者可以分类查看设备的维保信息、进场验收信息。

4.2.5 风险管控

在义东高速项目的安全管理过程中,需要做到安全底数清晰。首先,对项目安全风险进行评估,并针对问题编制专项施工方案;其次,组织参建各方对项目的基础安全状况评分,做到安全评价的多方参与。

图4-11 "平安义东"系统设备控制中心示意图

441 台 登记数量 | 430 台 在场数量 | 26 台 特种设备 | 398 台 一般设备 | 24 台 自有设备 | 7 台 租赁设备 | 34 台 临时设备 | 0 台 本月进场 | 0 台 本月离场 | 0 台 本月验收 | 0 台 本月维保

详情 档案导出 台账导出

所属合同段：请选择… 进场时间： - 是否在场：全部 是 否

设备名称：请选择… 设备类型：全部 一般设备 特种设备 搜索框：

查询 重置

序号	所属标段	设备类别	设备类型	自编号	设备名称	规格型号	进场时间	设备离场时间	操作
1	TJ16	自有设备	特种设备	20221114	渣土车		2022-11-14		查看二维码
2	TJ16	自有设备	一般设备	20221113	叉车	1111	2022-11-13		查看二维码
3	TJ16	自有设备	一般设备	202211132	叉车		2022-11-13		查看二维码
4	TJ17	临时设备	一般设备	闽A66666	混凝土罐车	华润	2022-10-12		查看二维码
5	TJ19	自有设备	一般设备	WJJ123	挖掘机	32	2022-10-12		查看二维码
6	TJ19	自有设备	一般设备	123	装载机	123	2022-10-12		查看二维码
7	TJ19	自有设备	一般设备	123	压路机	123	2022-10-12		查看二维码
8	TJ18	自有设备	一般设备	天天	汽车吊	001	2022-10-12		查看二维码
9	TJ18	自有设备	一般设备	松下001	挖掘机	001	2022-10-12		查看二维码
10	TJ17	租赁设备	特种设备	GJ-001	其他特种设备	SZS01	2022-10-05		查看二维码
11	TJ17	自有设备	一般设备	闽A888888	渣土车		2022-10-01		查看二维码
12	TJ16	自有设备	特种设备	YDGS_0001	回旋转钻机	122121	2022-05-05		查看二维码
13	TJ16	自有设备	一般设备	YDGS_2332	通风机	202207269	2022-05-05		查看二维码
14	TJ16	临时设备	一般设备	YDZT01	渣土车	ZT01	2022-04-11		查看二维码

图4-12 “平安义东”系统设备信息界面示意图

"平安义东"系统中的风险管控模块主要对项目的基础安全风险隐患进行评价和管控。它包括危大工程清单、专项方案、平安工地管理三个子模块。图4-13为风险管控模块中的子模块划分和主要功能。

图4-13 风险管控模块中的子模块划分和主要功能

1)危大工程清单

危大工程清单用来登记和查看项目风险评估中的风险单位工程以及对应的工程地点、风险等级、危险因素、应对措施等信息。

2)专项方案

参建单位按要求提交专项施工方案,对应责任部门则需要在系统中对方案进行审批。

3)平安工地

各参建单位需要按照系统提供的标准对项目的初始安全状态进行评分,以此为依据形成项目安全智控指数的静态分数。经过一定时间的考评周期后则再次进行评估。

4.2.6 隐患排查

安全隐患排查是安全管理的重点工作,但目前的安全管理系统在隐患排查中普遍存在但不限于以下问题:安全部门单兵作战,无法形成全员参与;管理能力参差不齐,隐患排查不全面;隐患重查轻改,整改不彻底;隐患排查治理停留在手工收集、纸质资料、文档资料阶段,无法形成高效的数据流转。

义东高速项目对安全隐患的态度是:倾尽一切手段将项目中的安全隐患排查出来。因此"平安义东"系统采取多种手段进行安全隐患的排查,通过制度重塑、系统重构、流程再造,重新构建安全隐患排查系统。简单地说,在现场,智能安全帽等物联网技术实时自动监测现场的安全状况;项目安全管理人员可以通过"平安义东"系统 App 结合三个"安全码"(工点码、人员码、设备码)进行各种安全检查、隐患整改的汇报闭环;其他项目参与人员同样可以通过这些渠道对项目中安全问题和隐患进行举报,并获得奖励;全部渠道的安全数据均上传至"平安义东"系统数据中心,在管理平台中进行统计分析。由此,义东高速项目建立起全员参与、手段多样、高效便捷、无纸化、智能化的隐患排查体系。图4-14 为隐患排查模块中的子模块划分和主要功能。

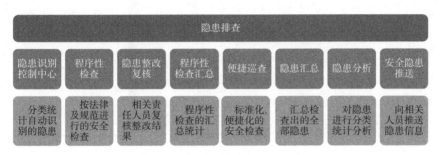

图4-14　隐患排查模块中的子模块划分和主要功能

1)隐患识别控制中心

将项目工地现场的摄像头、传感器等物联网终端的数据实时上传到数据中心,可以实现对未佩戴安全帽、未穿着反光服、行人入侵、烟雾、明火等安全隐患的智能识别并实时上传到数据中心。在隐患识别控制中心显示对该类隐患按合同段的分类统计信息。

2)程序性检查

程序性检查是根据法律法规规定进行的安全检查,包括日常安全检查、专项安全检查、顾问专项检查等例行的安全检查。通过系统的程序性检查模块,管理人员可以设置各结构部位、各工点开工前、施工中、施工后的安全检查工作清单。

检查工作清单中包括工点、隐患类型、整改时限、整改责任人等信息,以及隐患清单对应的整改措施等内容。系统中内置隐患分类功能:"平安义东"系统将安全检查中涉及的安全隐患共分为17大类,并在每类中对隐患进一步详细区分,添加标准化的描述(图4-15)。检查人员按系统清单步骤进行上传隐患照片、选择隐患类型或描述隐患后,系统自动生成隐患整改通知单,直接通过App 及手机短信推送到对应责任人处,进行倒计时整改处理。相关责任人收到通知完成整改后需要在App 中上传整改信息和照片,有关人员对整改结果进行审批闭环。

图 4-15 隐患类型选择界面示意图

3）隐患整改复核

检查整改发起人员在"平安义东"系统中对下发的隐患整改结果进行审核,相关管理人员可以下发催办通知。

4）程序性检查汇总

该模块中,使用者可以对程序性检查分时分类进行统计。

5）便捷巡查

便捷性检查是"平安义东"系统中的便捷化安全检查流程,工点网格员可以快捷地将现场发现的问题直接下发到现场负责的一点三员(工点班组和技术员、安全员、监督员),督促立即整改闭环。同时,所有参建人员可以在"平安义东"系统中对自己发现的安全隐患进行举报,隐患经核实后同样作为便捷检查进行下发。在安全管理平台的便捷巡查模块,使用者可以对项目中的便捷巡查进行分类统计汇总。

6）隐患汇总

"平安义东"系统中所有类别的检查清单、自动隐患识别数据等都会上传至数据中心,并在平台中反映每个隐患的实时整改情况。在隐患汇总模块中,使用者可以查看通过所有渠道获取的隐患数据以及整改信息、对比整改前后情况,同时可进行多维度筛选。

7）隐患分析

按照隐患类别、时间，分时分类统计安全隐患。在隐患分析模块中，使用者可以通过选择时间区间，筛选各时间段的检查情况、风险情况，也可以通过选择隐患类型，查看规定时间内该类型隐患发生的趋势，分类对安全隐患进行统计分析和追溯，进而对隐患实现一定程度上的预警。图4-16为隐患分类统计分析。

8）安全隐患推送

"平安义东"系统数据中心汇总并处理各种终端采集或录入的人员设备、安全检查、便捷检查等信息，匹配人员和隐患类型信息，自动将隐患信息推送到相关人员的手机App并短信通知。

4.2.7 应急管理

应急管理是工程建设安全管理中极其重要的一环，用来应对项目中可能发生的重大突发事故灾害。义东高速项目通过制定应急预案，规划应急避险点，标定应急设备，在安全管理平台中对应急响应进行监控，便于进行科学的应急指挥调动。图4-17为应急管理模块中的子模块划分和主要功能。

1）应急处置

在该模块中，使用人员可以快速查看应急响应中人员、设备的转移情况，需要进行加固设备的加固情况。

2）应急避险点

该模块包含项目所有预设的应急避险点信息，在发生应急响应时可以查看每个避险点容纳的避险人员及设备。

3）应急设备定位

卫星定位所有的应急设备，通过GIS地图显示项目应急设备所在的位置。

4）应急预案修订

在该模块中，应急预案编制人员上传新编或修改的应急预案，相关责任人员对预案进行审批和下发。

5）应急预案汇总

在该模块中，可以分类查看所有项目中运行的应急预案。

安全隐患分析

分析结果

隐患类型分析

施工现场隐患类别统计情况

序号	隐患类别	双现隐患条数	前一月条数	后一月条数	变化情况
1	现场三违	125	19	0	-100.00 %
2	环境保护	90	2	0	-100.00 %
3	人员资格类	52	0	0	
4	安全防护	48	3	0	-100.00 %
5	临时用电	44	2	0	-100.00 %
6	劳动保护	40	0	0	
7	质量安全	22	7	0	-100.00 %
8	其他	17	0	0	
9	内业资料	15	0	0	
10	教育培训	14	2	0	-100.00 %
11	三违类	11	0	0	
12	人的不安全行…	10	0	0	
13	人员持证	10	0	0	
14	机械设备	10	2	0	-100.00 %
15	个人防护用品…	9	0	0	
16	消防安全	7	1	0	-100.00 %
17	涉路施工	6	1	0	-100.00 %
18	通道管控	6	0	0	
19	安全标化	5	0	0	

图 4-16 a)统计

"平安义东"系统建设

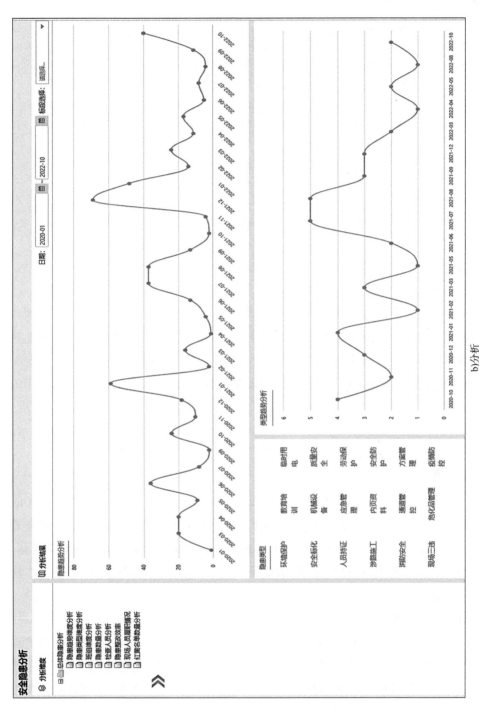

b) 分析

图4-16 隐患分类统计分析

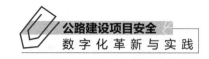

图 4-17　应急管理模块中的子模块划分和主要功能

6）停工工点列表

在该模块中，显示应急响应中停工工点的基本信息和应急响应情况信息。

4.2.8　安全费用

安全管理平台的安全费用模块主要实现项目安全费用的计划和计量两项功能。参建单位通过系统上传安全费用使用计划，相关责任单位则需要在系统上对安全费用使用计划进行审批。在安全费用的使用方面，参建单位每周在"平安义东"系统中上报安全费用的使用情况，建设单位则可以按合同段、时间查看费用的使用情况。

4.2.9　智能安监

义东项目建设的安全状况往往并没有一个可量化标准，安全状况也很难实时受到监控。义东指挥部意图突破这个现状，通过安全码、物联网设备、安全检查表单等实时获取底层的安全数据，基于项目的基础安全状况和实时动态的安全数据，建立科学的评分规则，让安全状况"看得见"。图 4-18 为智能安监模块中的子模块划分和主要功能。

1）安全智控指数

"平安义东"系统根据底层终端采集的人员、设备信息以及在各类检查中发现的各种风险隐患等信息，结合各合同段的基础安全状况，形成各合同段的"安全智控指数"，数值化反映当下各合同段的总体安全状况。在安全管理平台中，表现为

"平安义东"系统建设 4

可视化"安全智控指数"趋势图,为不同风险等级赋予不同的颜色,直观地反映合同段的安全管理状况。图4-19为安全智控指数显示示意图。

图4-18 智能安监模块中的子模块划分和主要功能

2) 设备监测

项目中应用多种物联网设备对施工现场的安全状况进行监测,安全管理平台中的设备监测模块可以查看各种设备的监测状况。

3) 智能安全帽

项目中现场人员均佩戴智能安全帽,通过智能安全帽可以监测现场人员是否正确地佩戴智能安全帽,了解现场人员的行动轨迹。此外,智能安全帽有通信功能,现场人员可以利用智能安全帽与外界进行通信或发出求救信号。安全管理平台中智能安全帽模块可以实时监测在线智能安全帽数量、智能安全帽的报警信息、智能安全帽的位置。

4) 安全码监控

该模块中,使用者可以查看安全码异常的人员、设备、工点及相对应的隐患情况。

4.2.10 电子台账

在"平安义东"系统中,安全管理台账全部自动生成,内外业"一键"同步,即在移动终端采集和收集的数据可以自动同步到系统数据库中,根据系统设置自动生成各类台账。人员一人一档,设备一机一档;在现场检查、安全教育等活动完成并闭环后根据闭环情况自动生成内业资料和各种档案;平安工地考核、危大工程、专项施工、安全费用等相关表单在系统流转完成之后,对应的台账系统自动生成,在人员、设备信息出现变动时,系统可以自动进行台账的更新。在安全管理平台的电子台账模块中,使用者可以分类查看项目的安全日志以及各类台账。

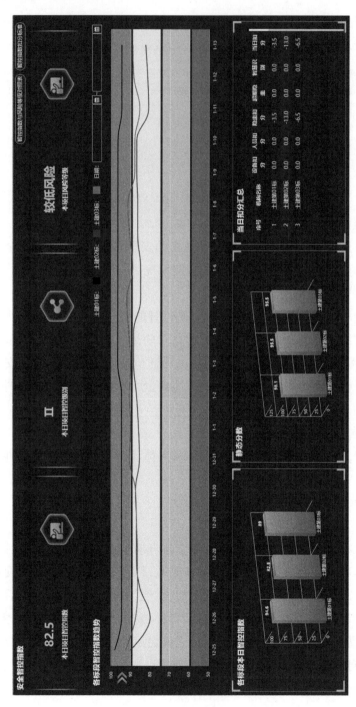

图4-19 安全智控指数显示示意图

5 安全管理数字化应用场景

在新的安全管理系统构建过程中,虽然数字化技术的应用能够直接提升安全管理的效果,但是只有采用新的与数字化技术相配套的管理模式,找到安全管理数字化应用场景,才能最大限度地发挥数字化技术在安全管理中的优势。

如前文所述,在目前的工程项目安全管理中,安全管理全员参与度低、安全隐患责任不清晰、项目安全状况无法实时量化、安全数据采集困难、底层安全管理复杂等问题始终困扰着项目的安全管理。

义东高速的安全管理数字化,从工程安全管理的实际需求出发,贯彻浙江省交通数字化改革的有关部署,突破传统安全管理的模式,创新应用数字化技术解决以上问题的实践场景和新的管理模式:以项目积分制管理,落实全员安全生产责任,促进安全管理全员参与;用安全智控指数,精准量化项目建设的安全状态;以安全码为核心,承载项目安全管理具体过程。

新的场景能真正地将数字化技术带到基层的安全管理中,义东指挥部迅速将新的场景模式投入义东高速项目的生产实践中,通过实践不断地摸索,对系统设计和管理模式进行优化改进,构建起了一套"真用""管用"的安全管理数字化系统。

5.1 小积分大应用——项目积分制管理应用

项目积分管理是指在"平安义东"系统应用的过程中,针对重发易发的隐患数量居高不下、安全管理全员参与度低等问题提出的一项创新管理方式。义东高速项目提出"每条隐患都有导致该条隐患具体责任人"理念,制定项目积分管理制度,将每个人的安全生产行为量化,对每位隐患责任人进行积分制管理。积分制管理,让项目参与者不断提升自我,进步成长。

5.1.1 积分诞生

目前的项目安全管理中,往往只有安全员单兵作战,无法形成安全管理全员参与,导致安全管理效率低下,隐患排查不彻底,重发易发问题反复出现。针对这样的问题,义东指挥部制定了项目积分制管理的安全管理方式。依据安全隐患责任归属、安全生产行为,应用数字化手段对每个人的安全生产行为量化打分,做到将安全管理责任落实到每一个人,不管是管理人员还是产业工人都要对安全管理负责。

5.1.2 积分制规则

积分在义东高速项目中是成绩单也是荣辱榜。它借鉴了驾驶证模式,旨在规范每一个人的现场安全生产行为,将义东高速 3 个合同段和 56 个班组及所有网格员、产业工人全部涵括,实现安全管理全员参与。

项目积分制管理中,对产业工人、安全管理人员、施工班组都赋予一定的基础积分。在"平安义东"系统中建立一个涵括 63 项常发易发的隐患库和一套扣分标准。一方面,当隐患发生时,在系统物联网监控范围内,系统可以通过物联网自动匹配安全隐患的责任人。另一方面,现场安全管理人员在发现隐患后,可以找到相关责任人员，通过人脸识别、扫描人员码，关联隐患和人员并填写检查表单上传到系统；收到底层采集到的数据，系统会根据扣分标准，对相关责任人员、责任管理人员、责任班组、所属合同段进行扣分。

在个人层面，对产业工人赋初始积分 12 分；对安全管理人员，根据其职级不同赋予 30~50 分。产业工人安全生产违规会被扣安全积分，网格员未及时查处则将承担连带责任，每条违章都会以短信形式推送至当事人和上级主管，在一个考核周期内，当个人积分低于基础积分的 50% 时会收到系统预警；当个人积分全部被扣光则将被罚黄牌，接受脱产学习，脱产学习结束须考试合格后重新赋予初始积分；若个人积分两次被扣光将被列入红牌名单，产业工人将被辞退，安全管理人员则采取被调离安全管理岗位的处理方式。个人安全积分管理制度见表 5-1。

个人安全积分管理制度 表 5-1

初始积分	12 分(产业工人),30 分(技术员、安全员),30~50 分(班组长,班组人数每增 5 人,基础分增加 5 分)	
积分预警	当个人积分低于基础积分的 50% 时	系统推送预警信息,推送范围为当事人和上一级管理人员
黄牌警告	考核周期内积分被扣完	列入黄牌人员名单库,产业工人进行脱产学习,网格员约谈考核
红牌清退	考核周期内两次积分被扣完	产业工人辞退处理,网格员应更换处理,安全管理人员调离安全管理岗位处理
积分奖励	高于基础分	超出部分按 50 元/分前往积分超市兑换奖励

在项目积分制管理中，除了采取扣分的手段规范项目参与者的安全生产行为之外，系统还开通加分渠道，鼓励参建人员参与全员安全管理、进行安全知识学习、增强自身安全意识。在系统中，产业工人可以通过进行安全知识学习、举报安全隐患等途径获取安全积分。在进行安全知识学习方面，产业工人既可以利用零散的时间在积分小程序中观看安全视频或参加安全答题来增加积分，也可以利用业余时间参加线下一站式的安全培训，培训记录会同步到个人电子档案。在安全隐患举报方面，产业工人可以拍摄隐患部位，在隐患库中选择隐患类型或自行描述隐患问题并上传至系统中，系统则会将该数据发送至所属工点的管理人员。同时，产业

工人如遇不合理扣分也可通过系统向上申诉。每个人在项目中违章、学习加分、申诉等所有记录将永久保存,计入个人的积分档案,并跟随人员在项目间流动。在项目积分制管理中,人人都是安全责任和安全管理的主体,安全履职成为他们绩效考核和竞赛立功的重要依据,积分低了会被依规处罚,超出基础分数的部分则可获得各种奖励(图5-1~图5-4)。

图5-1 产业工人通过手机App举报安全隐患

图5-2 产业工人参加线下安全培训

5 安全管理数字化应用场景

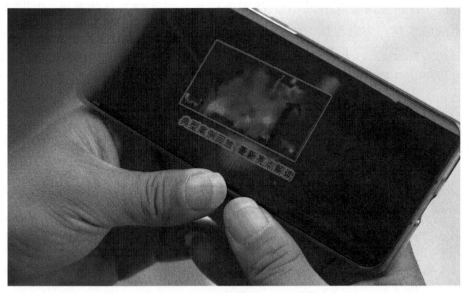

图 5-3 产业工人进行线上安全培训

图 5-4 工人利用超出基础部分积分兑换生活用品

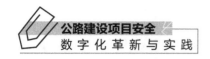

在项目积分制管理中,每个人的安全行为既书写着自己的履历,又共同构成团队的表现。在班组层面,根据人员数量,每个班组被赋予初始100~200分的初始积分,按照工点的安全检查、巡查、举报信息产生的安全隐患数据,对工点进行扣分,工点安全整改闭环后则依据规则返还积分。每个网格工点的积分都可以在安全管理平台中实时查询。个人、班组的安全行为也是项目整体安全状况的重要评价依据。在项目层面,系统通过"安全智控指数"评价项目的积分。

5.1.3 话说积分制

在义东高速项目中,积分制早已深入到项目建设安全生产的日常,以下让我们通过义东高速项目积分制实践的一个切片直观地感受一下义东高速项目积分制管理的日常:

某日,项目某合同段的产业工人黄乔,在工作中没有正确佩戴智能安全帽,被安全员小吴发现,小吴对他进行口头提醒和简单教育,并通过手机App进行人脸识别,上传了黄乔的未正确佩戴智能安全帽的违规信息。系统自动比对扣分规则和违规信息,对黄乔扣2分,于是他的积分从7分降至5分。此时,系统向他的手机上发送安全积分降至一半以下的通知,提示黄乔,安全积分不足,继续扣分则将进入黄牌名单,需要及时进行线上或线下的安全学习以获取加分,在后续生产中要增强安全意识,遵守安全生产规则。

黄乔在收到短信提示后,工作十分小心,认真注意遵守安全生产规则,在下班后,他没有像往常那样和工友打牌,而是去找自己的工友老金一起进行安全学习。原来黄乔和老金是同村的老乡,但是老金从项目开始就看到了安全生产的重要性,经常在App中进行安全学习,在工作中非但没有安全违规,反而因为经常学习获得了很多积分,在整个合同段的积分榜上名列前茅,在班组和合同段的安全生产会议中也经常受到表扬。老金经常劝说黄乔多进行安全学习,聊起个人安全积分他经常对黄乔说:"这东西对自己的安全好,还能拿来换点东西,多好"。

工友的劝告、安全员的教育提醒和今天收到的短信通知让黄乔认识到了安全生产、个人积分的重要意义。于是，他和老金打开了手机 App 开始进行线上的安全知识学习。在完成了 2 学时的课程后，他对安全生产有了更多的了解并重新获得了 2 积分。将他今天被扣掉的积分挣了回来。

在义东高速项目中，以分数论英雄且把每个人的安全行为数据化、可视化、留痕化。积分制与人员码和强大的系统关联，成了电子名片，最终成为浙江省共享的产业工人信用参考，系统重构、制度重塑、流程再造，数字化时代的光芒就在一个小小切片中熠熠生辉。

5.2 让安全看得见——安全智控指数应用

安全智控指数，是"平安义东"系统中一项创新的功能，也是工程安全行业数字化转型过程中工程项目安全状况评判从"定性评价"向"定量分析"转变的"问路石"和"敲门砖"。

5.2.1 指数思路

目前，工程项目的安全状态并没有一个通用的、标准化的、可量化的衡量手段。很多时候，要了解一个项目的安全状态如何，通常得到的答案是"良好、可控、差不多"。那么，如何量化地、标准化地评价工程项目的安全状态？这一问题在工程项目安全管理逐步向数字化方向推进的过程中，同样需要得到解决。于是，在"平安义东"系统中，义东指挥部设计了工程的"安全智控指数"，结合数字化平台、工程大数据以及统一的标准，对工程项目的安全状态进行评分，进而对工程项目的安全状态进行定量、精准的评价。

在"平安义东"系统的设计中，通过无感采集、自动识别、全员排查等措施来进行现场的安全隐患识别和数据采集。通过系统进行安全隐患数据与标准的比对、评分，输出量化后的安全隐患数据。最终，整个项目的安全隐患数据以系统量化数值及五色图直观地呈现，实现了对项目安全状态的精准掌握。同时，通过个人 App

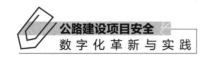

终端与短信相结合的形式,采用定期和实时相结合的方式进行推送,进而实现项目安全状况的全员知悉。

5.2.2 定义指数

所谓安全智控指数,是指通过建立一系列工程安全评判标准,结合数字化技术,将建设工程现场安全状态以数值形式进行量化。

设定项目(合同段)安全智控指数的分区范围,利用项目数字化管理系统可以便捷地得出项目(合同段)安全风险等级并通过颜色直观地区分,具体安全智控指数与安全管理风险等级及其颜色对应关系见表5-2。

项目(合同段)安全智控指数与安全管理风险等级对照表　　　表5-2

颜色	级别	风险等级	安全智控指数区间范围
红色	Ⅳ级	高风险	<60
橙色	Ⅲ级	中风险	≥60、<75
黄色	Ⅱ级	较低风险	≥75、<90
蓝色	Ⅰ级	低风险	≥90、<100
绿色	0级	基本无风险	100

注:根据《省交通运输厅关于印发〈浙江省交通建设工程施工安全风险管理办法〉的通知》(浙交〔2021〕16号)第八条规定:"工程项目风险等级分为高(Ⅳ级)风险、中(Ⅲ级)风险、较低(Ⅱ级)风险、低(Ⅰ级)风险"。

当项目(合同段)存在重大安全隐患的作为一票否决项,则不考虑安全智控指数所处范围,一律判定为高(Ⅳ级)风险(红色)。

5.2.3 赋值指数

有了安全智控指数的思路和定义,那么如何为指数赋值才能设计出正确、客观地反映项目安全管理状况,动态、实时地呈现项目安全管理状况,在各个单位间简单、易行地复制和推广安全智控指数模式。为了解决这些问题,我们将指数的评分过程设计成"合同段基础分数-动态分数"这样实时变化的形式,其中基础分数反映项目某一阶段整体的安全状况相对静止,动态分数则随各合同段实时安全管理考评情况和实时出现的安全隐患决定。

1)合同段基础分数

合同段基础分数是根据项目(合同段)的施工安全风险等级、信用评价指数、风险评估情况、制度保障措施,对项目进行打分,成为指数的合同段基础分数部分。其中,施工安全风险等级和信用评价指数为折减系数的形式,风险评估情况和制度保障措施为合同段工程安全评价得分的形式。合同段基础分数的具体评价及评价因素主要包括专评、组织机构(人员配备及持证、管理制度)、应急预案。

(1)合同段工程安全评价得分参照《浙江省交通建设工程平安工地建设管理实施办法》(浙交〔2019〕197号)文件规定,合同段工程安全评价表见表5-3。

合同段工程安全评价表(满分100分)　　　　表5-3

序号	类别	考核项目
1	安全管理组织机构 (60分)	建立安全管理制度体系(15分)
		主要管理人员到岗率(15分)
		专职安全管理人员配备(15分)
		三类人员持证(15分)
2	安全风险管控 (20分)	风险评估(10分)
		风险告知(10分)
3	应急管理 (20分)	应急预案(10分)
		应急器材、设备、物资管理(10分)

(2)施工企业信用等级折减系数依据《浙江省交通建设工程信用评价管理办法(试行)》(浙交〔2019〕184号)规定,以当前省交通运输厅公布的参与本项目工程建设的各设计、施工、监理等单位的信用评价等级为准,不同等级分别对应不同的折减系数,具体见表5-4。

合同段各参建机构母公司信用评价等级及对应折减系数　　　表 5-4

信用评价	信用评价等级	对应分值	信用等级折减系数
信用好	AA 级	95 分 ≤ X	1.2
信用较好	A 级	85 分 ≤ X < 95 分	1.1
信用一般	B 级	75 分 ≤ X < 85 分	1.0
信用较差	C 级	60 分 ≤ X < 75 分	0.9
信用差	D 级	X < 60 分,或存在文件规定的情形的	0.8

(3)工程项目安全风险等级折减系数依据《省交通运输厅关于印发〈浙江省交通建设工程施工安全风险管理办法〉的通知》(浙交〔2021〕16 号)规定,结合《项目工程施工安全总体风险评估报告》,项目工程风险等级判定标准见表 5-5,合同段工程风险等级判定标准见表 5-6。

项目工程风险等级判定标准　　　表 5-5

等级	判定标准
高(Ⅳ级)风险	项目存在 1 个及以上重大风险评估单元
中(Ⅲ级)风险	项目无重大风险评估单元,但存在 5 个及以上较大风险评估单元
较低(Ⅱ级)风险	项目无重大风险评估单元,且存在较大风险评估单元不足 5 个
低(Ⅰ级)风险	项目无较大及以上风险评估单元

合同段工程风险等级判定标准　　　表 5-6

等级	判定标准	安全风险折减系数
高(Ⅳ级)风险	项目存在 1 个及以上重大风险评估单元,或存在 5 个以上较大风险评估单元	0.9
中(Ⅲ级)风险	项目无重大风险评估单元,但存在 2~4 个及以上较大风险评估单元	1.0
较低(Ⅱ级)风险	项目无重大风险评估单元,且存在 1 个较大风险评估单元	1.1
低(Ⅰ级)风险	项目无较大及以上风险评估单元	1.2

(4)合同段基础分数的计算与更改

合同段工程基础分数可计算如下：

$$合同段工程基础分数 = 合同段工程安全评价得分 \times 施工企业信用等级折减系数 \times 项目工程安全风险折减系数$$

合同段工程基础分数不是始终不变的。在项目工程开工初期，由义东指挥部牵头组织确定各合同段的安全评价得分。在以下情况下，对合同段工程基础分数进行更改：

①在施工过程中，各合同段工程安全评价得分参照《浙江省交通建设工程平安工地建设管理实施办法》(浙交〔2019〕197号)文件规定的考评频率，一般考虑每个季度进行动态修正，如上级监管单位有指令则及时更改。

②在施工过程中，各合同段的安全评价得分由各单位自行申报，由义东指挥部审定并录入项目数字化管理系统。

③项目上级监管单位可根据日常监管情况，直接调整或指令义东指挥部及时、动态地调整各合同段的安全评价得分。

2）合同段静态分数

合同段静态分数分为过程扣分、安全隐患排查扣分。

(1)过程扣分

过程扣分包括危大工程开工核查、人员管理和培训教育、机械设备(大中型机械设备、特种设备)管理、应急管理(演练、物资、人员)、安全生产费用。项目部考核评价表见表5-7。

项目部考核评价表　　　　　　　　　　　　　表5-7

序号	类别	考核项目
1	危大工程开工核查	未按规定编制专项施工方案，扣2分；方案未报监理办审批，扣2分
		特种作业人员未按规定取得相应作业资格证的，发现一人扣1分
		未按规定编制专项应急预案和现场处置方案，扣2分
		劳务分包、专业分包等单位未满足法律法规的资质条件，扣2分
		未按规定办理跨线施工、交通管制及水上水下作业等相关手续，扣2分

续上表

序号	类别	考核项目
2	人员管理和培训教育	人员登记不及时,扣2分
		教育、培训及考核覆盖率(注:以数字化系统中作业人员教育、培训和考核等相关百分率作参考)未达100%,每发现一人扣1分
		劳动保护用品发放记录不全,每发现一人扣1分
3	机械设备管理	大中型机械设备设施无进场验收手续或设备相关证书不全的,每发现一台扣1分
		特种设备无进场验收手续或设备相关证书不全的,或未办理特种设备使用登记证的,每发现一台扣1分
4	应急管理	应急预案及现场处置方案编制不全的,扣2分;未报监理审批的,扣1分
		未按计划开展应急演练,扣1分;未及时归档应急演练相关评估总结的,扣1分
		未按照应急物资清单及时配备应急物资的扣2分;未定期开展应急物资核查并及时做好核查记录的,扣1分
5	安全生产费用	安全生产费用使用计划未报批的,扣1分
		安全生产费用投入不足的,扣2分
		安全生产费用计量不及时的,扣1分

(2)安全隐患排查扣分

安全隐患排查分数确定参照以下过程:

安全隐患分为重大隐患和一般隐患两种。其中,重大隐患为红色隐患,属于一票否决性隐患(一旦发现即刻停工,排查整改)。安全隐患排查主要参照《"坚守交通建设工程质量安全红线"专项行动实施方案》(浙交办〔2020〕9号)及相关法律、法规、规章、规范及规范性文件标准,并初步拟定《项目工程施工安全重大隐患判定标准》。重大隐患排查标准全省统一,一般隐患分类标准可由项目工程视实际情况定。一般隐患属于扣分类隐患。为促使项目部、监理办和指挥部尽可能发现安全隐患,不同单位发现各类一般隐患扣分标准见表5-8。

不同单位发现各类一般隐患扣分标准　　　　表5-8

项目部	监理办	指挥部	上级监管部门
0.1	0.15	0.2	0.3

"平安义东"系统自动识别来自各种终端的安全数据中的重大隐患和一般隐患,并且根据隐患类型进行扣分。当隐患治理整改闭环完成后,安全隐患扣分在系统中自动返还。对于逾期未整改的安全隐患,自到期日起加倍扣分;对于同一问题重复出现的安全隐患,其扣分加倍。

5.2.4　应用指数

(1)安全智控指数能够较为客观地体现项目与合同段工程的安全管理状态,并以"红、橙、黄、蓝、绿"五色图形式体现。

(2)通过安全智控指数和五色风险等级图示,上级监管单位能够十分清晰地掌握省(区、市)各监管项目的总体安全风险态势及分布。

(3)通过"平安义东"系统,对项目(合同段)的安全智控指数及风险等级能够进行及时查询和对相关人员(特别是安全管理责任人员)进行精准推送。

(4)安全智控指数能够与工程参建各方的日常安全管理状况和隐患排查结果进行有机的衔接。

(5)安全智控指数是实时动态更新,能够客观体现安全管理态势曲线。

5.2.5　指数场景

图5-5为"平安义东"系统的"安全智控指数"界面。在"安全智控指数"界面中,以曲线图的形式反映各合同段安全智控指数的变化状况,根据表5-2中安全智控指数与安全管理风险等级的对应关系,对项目当前风险等级进行划分并以对应的颜色进行直观化表示。界面中,分别列出了当日各合同段的静态分数、当日的动态扣分情况、当日的安全智控指数,其中动态扣分情况中列出具体扣分类别,合同段的基础分数减去各类动态隐患扣分就得到了合同段当前的智控指数,该分值每半小时更新一次,一旦出现重大隐患,安全智控指数将直接坠入红色区域提示高风险,并短信实时推送给参建各方。整个项目的安全智控指数采用3个合同段中分数最低的82.5分,对应的安全管理风险等级为Ⅱ级较低风险。

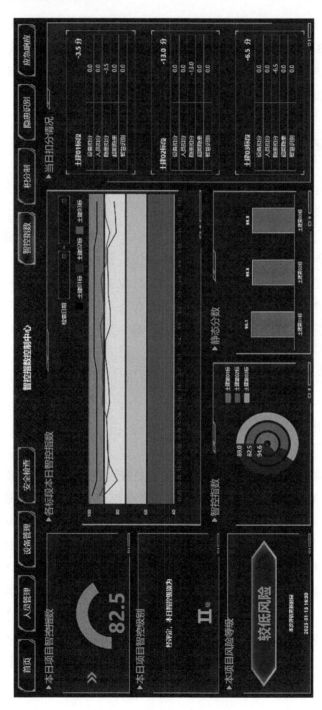

图5-5 "平安义东"系统的安全智控指数界面

5.3 "码上"安全——安全码应用

安全码是"平安义东"系统底层的核心应用，通过一套安全码，把人员、设备、风险、隐患都关联起来，让数据互联互通，并设定规则以红、黄、绿颜色进行安全状态评判。

5.3.1 总体思路

在项目积分制管理的实践过程中，义东高速逐渐实现了让全员积极参与隐患排查的目标，"一岗双责"真正落地，安全生产责任也切实落实到每一个人。项目上从管理人员到产业工人，安全素养也得到了有效提升。但是项目积分制管理在实际操作过程中同样存在一些漏洞。比如，有些不符合项目安全管理要求的产业工人（红牌人员）换个项目接着工作，在缺乏数据联动的情况下，不能彻底实现对人员安全行为管控；基于积分制的安全管理缺乏一个现实载体，现场安全信息采集和数字化体系还不完善；很多机械设备类的隐患问题不能实现精准管理；不能实时监控工点上的安全相关责任人履职情况。

为持续提升产业工人素养，实现对建设项目全过程安全管理，义东指挥部根据省中心提出的安全码场景应用，借鉴防疫"健康码"的应用经验，在"平安义东"系统中开发安全码，并将安全码作为安全管理数字化的现实载体。以安全码为核心，建立人员、设备、工点数据库，便捷基层安全数据采集，打破信息孤岛，实现数据互联互通，推动制度重构、流程再造、系统重塑，为义东高速项目安全生产提供全过程数字保障。在实践中，安全码分为人员码、设备码和工点码三码，以实现对人员、设备、工点安全状况进行精准、高效、科学的管控。

5.3.2 人员码

人员码就相当于每个参建人员在项目中的"健康码"，就像疫情防控中"健康码"记录每个人的个人信息、行程信息、接触信息等防疫相关信息数据,人员码则记录产业工人的个人基本信息、班组信息、安全教育信息、奖惩积分信息、证件信息、工作履历信息等。

每个项目参与者进场伊始,便需要对以上信息进行登记,完成人员码的建档。人员码是项目积分制管理的实施载体,用绿码、黄码、红码反映人员安全生产工作状态,与个人的安全积分对接(图5-6)。人员码初始为绿码,每个产业工人当季度都拥有12分的个人基础积分,安全操作不当会扣除一定的积分,若本季度内基础积分12分已扣完,则人员码由绿码变为黄码,需要强制参加脱产学习,学习完成后分数重置为初始的12分。若本季度内该产业工人第二次被扣完12分,则人员码变为红码。具体的处理规则参照表5-1。

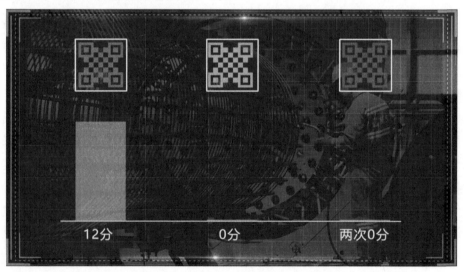

图5-6　安全码颜色和安全积分关系图示

在人员安全追责方面,管理人员在生产管理过程中发现产业工人的不安全行为时,可以用移动终端扫描产业工人的人员码,记录具体行为并按照系统提供的标准分类,系统会根据具体问题自动匹配扣分规则扣除工人的个人安全积分。

在人员安全教育培训方面,就像在积分制中提到的,为了提升产业工人的安全素养,增强安全意识,通过加分机制来鼓励产业工人进行安全知识的学习。产业工人相应的学习记录会同步在人员码内,为工人增加积分。季度末,如果个人积分高于基础分,产业工人则可以用高出的分数在积分超市换取生活用品等,进而提升产业工人学习安全知识的积极性。

除了作为人员积分的管理的载体之外,人员码还承载着其他的功能。例如,工人的考勤可以通过"平安义东"系统手机端扫描工点码进行,考勤信息同样会同步到人员码当中。人员的证件、施工许可等信息都会同步在人员码当中,"平安义东"系统会在证件临期时发送短信提醒相应人员。每个人都可以通过系统手机端扫描安全三码,举报安全问题或隐患,参与安全管理。图5-7为人员码应用流程示意图。

人员码将产业工人从进场到在岗过程中的所有生产安全相关行为进行记录和共享,通过个人积分和履历记录,实时评价产业工人的个人安全生产行为和安全素养,为项目后期用工选择提供可靠的依据。当下,安全码的应用已经在浙江省交通建设中进行推广应用,未来,我们希望推动项目人员数据库的浙江省共享,实现人员码在浙江省工程施工领域通用,使之成为浙江省通用的评价依据、产业工人个人的安全名片,帮助浙江省构建好用、易用的产业工人信用评价体系。

5.3.3 设备码

施工现场机械数量庞大、种类繁多,验收方式、维保周期各不相同,项目部依托系统内置的设备管理流程,对每台设备证件、外观、性能等逐项进行核验,自动汇总形成一套完整的设备信息档案并赋予专属二维码,即设备码(图5-8)。设备码含有设备的基础信息、验收信息、维保信息及相关证件资料,构建每台设备的专属身份信息。

设备码分为绿码、黄码、红码,通过颜色区分设备的安全状况。人员可以通过设备码进行安全检查、隐患举报,即在系统中反馈设备存在的安全隐患(图5-9)。

设备日常处于绿码状态。当设备维保过期或存在一条安全隐患时,设备将被赋黄码。此时,系统将预警信息推送给设备专员,专员联系现场设备管理人员进行维保或隐患排除工作,问题整改完成后恢复绿码。当设备的检测报告过期且存在两条隐患,或维保过期且存在一条及以上隐患时,设备将被赋红码,并直接停用。系统将预警信息推送给设备专员,问题整改闭环后恢复绿码,如果问题严重无法短期整改则将该设备做退场处理。同时,为了使项目顺利推进,系统将在设备维保或检测之后自动生成下次维保、检测时间,并在每次维保、检测临期时在移动终端和安全管理平台推送设备临期信息。设备赋码规则及处理办法见表5-9。

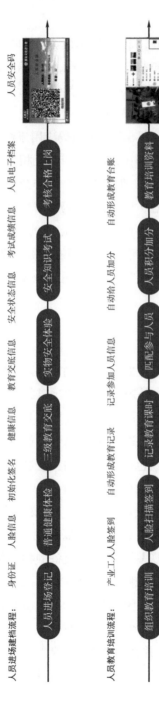

图5-7 人员码应用流程示意图

图5-8 "平安义东"系统对设备进行赋码登记

图 5-9 通过"平安义东"系统手机端扫描设备码进行隐患表单填写

设备码赋码规则及处理办法　　　　　　　　　　　　　　　　　表 5-9

码的颜色	设备安全状况	处理办法
绿码	设备运行正常	设备运行正常
黄码	设备维保过期或存在一条隐患	系统应向设备管理人员推送预警信息并限期整改,整改闭环后自动恢复绿码
红码	设备的检测报告过期且存在两条隐患,或维保过期且存在一条及以上	设备停用;系统推送预警信息给设备管理人员,并限期整改问题整改完闭环后恢复绿码;如果问题严重无法短期整改则将该设备做退场处理

　　此外,系统还在设备码中集成每一种类设备的标准维保清单,在设备进行维保时,人员只需按照标准维保清单进行操作,进而提高维保的标准化程度和效率,降低设备维保的操作门槛。图 5-10 为设备码应用流程示意图。

　　设备码作为设备的"身份证",为设备管理提供了便利。随着设备码的推广使用,可实现工程设备"一地检验全省通用",淘汰不合格、无码设备,精准管控每台设备在省内项目间的使用过程和流动轨迹,为省级层面流动设备资源的调用和监督提供有力保障。

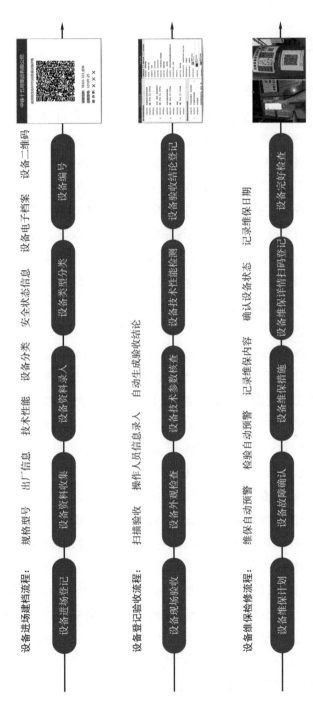

图5-10 设备码应用流程示意图

5.3.4 工点码

如前文中所述,义东高速项目建立项目施工工点划分标准,将局部工程部位解构为不同的工点,将每个工点与该工点班组的网格员、安全员、技术员、监理员一一对应,构建工点码。通过将人员和安全管理责任对应,推进"一岗双责"真正落地,进行精细化工点网格管理,让每个工点的每道工序都能找到具体负责人。

在工点码的应用过程中,工点各责任人员根据系统中工点责任检查清单、指定的检查内容和检查频率进行安全检查。在检查时,通过扫描人员码、设备码、工点码等方式上传工点内安全隐患信息,系统根据人员、设备及其他安全管理对象的工点归属,形成对应工点的隐患排查清单。在检查中,根据系统中的表格清单逐项检查,以清单式检查代替以往的随机式检查,覆盖更清晰、针对性更强、效率更高、履职痕迹也更明显。检查完成后,按照职责划分,组织班组长、产业工人对安全隐患进行整改,并在系统中闭环。

每个工点需配备专职或兼职的网格员进行日常网格检查和安全隐患整改监督。网格检查主要对工点日常安全生产规范性进行检查。由项目管理人员根据工点类型和特点在系统内配置网格检查清单,网格员根据网格检查清单所列项目进行日常安全检查。网格员需根据隐患排查清单和网格检查清单显示的风险因素、现存隐患、管控措施等内容进行逐一检查、核验,判定隐患整改是否执行、整改到位,检查完毕后,在系统内提交检查结果。

工点内的隐患表单,集成在工点码的后台数据中。工点码与人员码和设备码一样,依据工点内存在的隐患数量,用绿码、黄码、红码标识工点的安全状况。当前工点存在5个以下隐患时为绿码;当隐患数为5~10个时为黄码;当隐患数超过10个或存在重大隐患时为红码。同时,工点码重点公开风险分布清单、隐患排查清单、网格检查清单。其中,风险分布清单显示工点总评、专评的风险等级;隐患排查清单显示工点存在或既往存在的安全隐患、危险因素;网格检查清单显示工点日常网格检查情况及既往安全检查情况。将工点风险等级、存在的危险因素和管控措施公示告知,任何项目中人员均可通过扫描工点码查看。工点码内风险分布、隐患排查、网格检查清单示意图,如图5-11所示。

安全管理数字化应用场景 5

a) 风险分布清单　　　　　　b) 隐患排查清单　　　　　　c) 网格检查清单

图 5-11　工点码内风险分布、隐患排查、网格检查清单示意图

工点打卡是日常作业考勤的依据。产业工人每日进场时需要进行工点打卡，工点打卡可以通过扫码、人脸识别等方式完成，为了适应现场环境条件，可以灵活选择具体打卡方式。每天，班组长需要对前一天的工点风险，工人安全操作不当的行为作出总结，根据人员的安全积分对班组成员进行表扬或者批评教育。

在建设方、监管方巡检时，检查人员可以通过扫描工点码查看该工点各个负责人的履职情况清单，显示工点各负责人检查次数、履职过程是否符合要求。若在巡查过程中发现存在安全隐患，则可以通过工点码关联下发便捷检查，该工点网格员和相对应的管理责任人员则会在手机上收到下发的现场隐患信息，由网格员通知相关负责人进行整改处理（图 5-12）。

工点码的应用，使得工点人员履职情况、风险分布情况、隐患排查情况都能"码"上清晰。推动全员对工点安全管控的"码"上参与。

5.3.5　安全"三码"应用场景

安全"三码"在义东高速项目中的应用已经深入人心。下面从一名义东高速普通产业工人小刘在工作中应用安全"三码"的场景，来看一下安全"三码"在义东高速项目中应用情况。

图5-12　检查人员通过工点码现场下发便捷检查清单

小刘是一名熟练的挖掘机师傅,曾经参与过多个工程的建设。如今他作为临聘工人前往义东高速某合同段报到。在合同段的现场办公室,他进行了个人信息登记,专门的工作人员对他进行了安全教育交底和基本的安全素养测试。随后,与其他工地不一样地,工作人员采集了的人脸信息以及资质证明照片,并生成了一张带有二维码的"工作证",交给了小刘。小刘用微信扫描二维码,发现在小程序中自己的个人信息已经被同步在了二维码中,同时他被告知:他目前有12分的基础个人积分,通过安全学习他还可以获得更多的积分来兑换生活用品,但是如果个人积分被扣光则会面临严重后果。在完成进场后,小刘被分配到湖田枢纽A/C岔道桥下部桩基施工工点并且被要求操作管理一台挖掘机。

某天,小刘收到来自设备管理部门的电话,说他保管的挖掘机维保即将超期。于是,他在完成手头的工作后,扫描挖机上的设备码,点开设备维保界面,按照系统的指引,对挖机进行了维保工作。在那之后班组长找到他,带他去清理违规堆放的土方。原来是有工友通过系统的安全隐患举报功能,举报了工地一处临时堆放的土方存在违规堆放的现象,经网格员核实确实存在安全隐患。于是,网格员下发隐患检查表单,班组长接到整改通知后便立刻带着小刘来清理现场的土方,完成后班组长在手机上传了整改资料,经网格员确认,顺利地解决了此次的安全隐患。同时,网格员找到了违规堆放土方的工友小贾,将他的行为上传到系统并进行教育,小贾也因此被扣了安全积分。眼看积分就要见底,于是,小贾在下班后经常通过App进行安全知识学习和考试来获得安全积分。

在工作中,小刘的安全意识一向比较强,很少有安全违章的操作,并且偶尔会利用休息时间在"平安义东"的小程序上进行安全知识的学习。于是,他经常能够在积分超市兑换一些生活用品,在安全会议上也经常得到领导和班组长的表扬。小小的安全码,不仅给小刘的生产安全带来更好的保障,而且给小刘的日常生活带来了一份免费的幸福。

总结和展望

通过数字化技术与新应用场景模式的有机融合,义东高速完成了"平安义东"系统的构建,并在工程建设过程中实践应用、逐步完善,在提升项目安全隐患排查和治理能力、落实安全生产责任、提升人员安全素养、提高安全管理效率、高效利用安全数据等方面,取得了令人满意的成就。

在数字化改革的浪潮之下,义东高速探索并开辟一条能够解决传统工程安全管理模式顽疾的安全管理数字化之路,创新了多个安全管理数字化应用场景,为交通工程安全管理数字化乃至整个行业工程项目管理数字化提供了新的思路和模式。

作为浙江省交通数字化改革的试点工程,义东高速的数字化经验已在浙江省内推广,并且为行业的数字化系统建设、浙江省一体化智能化公共数据平台的构建提供了丰富的实践经验和理论基础。"平安义东"模式也成为省内乃至国内工程建设行业的焦点,成为工程管理数字化转型的样板之一。

虽然义东高速的安全管理数字化改革取得了很好的效果,但任何行业的数字化改革道路都不会一帆风顺。在未来,行业的数字化改革仍然需要坚持顶层部署的方向,不断地为行业发展增添新动能,通过技术创新强化数字化实力、通过拓展应用场景落实数字化应用、通过制度重构优化行业生态。

6.1 义东答卷

如果将安全管理数字化改革作为对项目建设的一项考验，那么义东高速项目在数字化改革中取得的各项成效无疑就是义东指挥部交出的最令人满意的答卷。

自项目建设筹备阶段，义东指挥部便针对传统安全管理中的问题，对项目安全管理革新进行准备。随后抓住浙江省交通数字化改革中的机遇，义东高速将先进的数字化技术与创新的场景模式融合，创建"平安义东"系统并将新的系统投用于工程建设实践当中。

"平安义东"系统在义东高速项目建设的投入运行是交通工程建设行业安全管理数字化改革过程中的重要实践。在此次实践中，由浙高建公司牵头，义东高速项目参建各方精诚协作，集众人之智，用众人之力，在系统上线前后对系统精心设计、不断优化系统的逻辑结构、完善系统功能、探索开发合适的应用场景和管理模式，最终获得了较为理想的实践成果。以下结合"平安义东"系统在项目中实际应用情况对本次改革取得成效进行简要总结。

6.1.1 提升隐患排查覆盖率和覆盖范围

交通建设工程存在点多线长、工序复杂的特点，义东高速项目更兼具"城区高速公路"、项目桥隧占比极高等特点。这样复杂的条件给隐患排查工作造成了极大的困难。在安全管理数字化改革前，义东高速项目参建各方每月自查隐患合计仅约100条，隐患排查时间、排查区域覆盖不全面。在安全管理数字化改革后，通过在手机App和小程序内置隐患清单、检查清单和责任人清单，提升了隐患排查效率。通过以安全码为媒介的安全管理全员参与、物联网智能识别等手段实现了隐患排查的全区域、全时段覆盖，进一步降低了安全风险。在2022年第三季度，每月排查出的隐患达到640余条，较安全管理数字化改革前提升了5.4倍。

6.1.2 提升隐患整改工作效率

安全生产隐患排查治理是企业的一项长效机制,是进行企业风险防控的有效手段之一。在安全管理数字化改革前,隐患问题的整理、下发、接收、分发、整改、反馈、复查都需要在不同部门(单位)之间相互对接、传递,耗费大量时间,现场责任人无法及时、准确地了解到隐患情况及整改要求,使得隐患暴露时间过长,平均隐患整改时间约为7天。"平安义东"系统应用后,通过系统的安全检查流程,下发的隐患可以百分之百地精准找到整改责任人,现场整改反馈的结果和现场照片可以直接通过系统推送至检查人员,省去了复杂、烦琐的中间环节,提升了隐患整改工作效率。2022年第三季度,单个隐患的平均整改时间为2.03天,较安全管理数字化改革前的7天降低了71.4%。

6.1.3 提升安全管理参与率

企业的安全生产是企业全员共同努力的结果,而不单单是安全部门的事情,在国家最新的安全生产相关政策中也不断强调"一岗双责"的重要性。在安全管理数字化改革前,安全管理工作绝大部分由安全部门人员完成,其他部门的安全管理参与较少,且"一岗双责"缺少职责履行的量化数据,使安全管理的全员参与度只有20%。实施安全管理数字化改革后,"平安义东"系统对各岗位的安全管理职责进行了明确,实时记录全员的安全管理行为,所有行为数据可以进行实时分析。在2022年第三季度,参建单位管理人员参与安全管理的比例达到了80%,较安全管理数字化改革前提升了2.5倍。

6.1.4 提升安全教育覆盖率

提升人员安全素养是增强全员的安全意识、提高安全管理水平和防止事故发生的重要手段,而安全教育是提升人员整体安全素养最有效的方式。在安全管理数字化改革前,日常安全教育培训活动存在形式化、针对性不强、培训模式单一、计划性随意等问题,每月安全教育的覆盖人数只有10%。"平安义东"系统应用后,打通了线上、线下两个课堂的数据,实现了线上视频学习、线上知识答题、线下专题培训等多种方式并行的安全教育,充分利用产业工人业余碎片化的时间。产业工人所有的学习记录、答题记录都会记录在人员码个人档案,学习和答题记录又与个人积分相互挂钩,激发了产业工人参与安全教育的积极性。在2022年第三季度,每月安全教育覆盖人员达到1100人以上,占全体人员的42.3%,较改革前提升了3.23倍。

6.1.5 规范从业人员安全行为

工程施工项目从业者,尤其是一线工人,在工作中往往没有养成良好的安全生产习惯,安全意识不强,现场"三违"时有发生。"平安义东"系统上线的项目积分制实行和红、黄码管理,有效地约束和规范了产业工人的安全生产行为,增强了产业工人自我保护的意识,有效减少了现场"三违"行为的发生。根据系统应用前和系统应用之初的粗略观察及统计,产业工人现场"三违"事件的发生率约为每天3条。系统稳定运行之后,在2022年第三季度,产业工人现场"三违"事件的发生率降低到约每天0.3条,产业工人的安全意识得到增强,行为习惯逐步得到纠正。

6.1.6 提升人员进场建档效率

由于项目体量大,基层产业工人流动性极强,每名产业工人进场后需进行三级安全教育、安全技术交底、安全承诺、安全知识考试等流程,人员密集、流程复杂,完成产业工人进场登记建档往往需要耗费大量的人力和时间。在安全管理数字化改革前,完成20名产业工人整套进场建档流程大概需要24小时。"平安义东"系统上线后,通过将所有流程导入系统,所有操作均可在系统上完成,极大地提高了建档效率,20名产业工人的进场建档工作仅1小时就可完成,较改革前降低了95%的时间,预计整个项目周期内节省人力成本约75万元。

6.1.7 提高设备安全核查效率

在现代交通工程建设中,大量常规、特种设备的应用极大地提升了施工质量和效率,但很多设备尤其是特种设备,具有风险系数高、维保要求严等特点。在安全管理数字化改革前,特种设备证件资料、维保资料、安全性能等的检查要花费设备、安全等部门人员大量的时间,平均每台特种设备核查时间在 1 小时以上。"平安义东"系统上线后,利用系统内设备证件、维保预警和设备码清单检查功能,免去了设备资料检查流程,只需花 5~10 分钟对照清单逐条检查安全性能即可,较改革前降低了 80% 以上的时间。

6.1.8 提升安全管理数字化程度

安全数据信息能不能及时传递和反映是决定安全管理质量和效率的关键因素。在安全管理数字化改革之前,建设单位和各参建单位对项目安全状况的掌握和安全隐患的统计分析都不够及时、全面。"平安义东"系统通过对项目安全状况进行量化,对安全隐患类型、隐患数量、隐患所处工点等多维度的数据进行实时统计分析,快速确定项目安全状况和易发隐患,帮助管理者及时制订针对性方案,调整安全管理方向。以常发、易发的安全隐患为例,"平安义东"系统应用前,常发、易发隐患在全部隐患中占比约为 40%,"平安义东"系统应用后,应用系统的安全监控和隐患统计分析功能,及时加强对常发、易发隐患的整治,在 2022 年 9 月,义东高速项目中类似易发隐患占比降至 20%。在为安全管理降本增效方面,"平安义东"系统应用前,安全总结、安全会议需投入大量人力和时间对纸质材料、电子文档中的历史安全数据进行整理与分析;"平安义东"系统应用之后,则可以进行便捷、全面的数据统计分析,预计项目周期内可节约人力成本约 296 万元。同时,"平安义东"系统全面采用电子表单取代绝大部分纸质表单,预计共可节省耗材费用约 10 万元。

6.2 推广情况

义东高速的安全管理数字化改革,无疑已经取得了阶段性的成功,通过义东指挥部的努力摸索,为行业安全管理的数字化提供了一个好用的、具有可塑性的模板,为整个工程行业的数字化改革投石问路,为现代工程数字化技术的应用提供实践案例和经验。

作为浙江省交通数字化改革的试点工程,义东高速的安全管理数字化改革取得的成果,受到了行业内外的广泛关注。2022年7月20日,浙江交通集团公司组织召开建设项目安全管理暨积分制推广应用云现场会,采用会议视频直播的形式向行业内外介绍推广项目积分制应用的经验成果(图6-1)。

图6-1 浙江交通集团公司组织召开建设项目安全管理暨积分制推广应用云现场会直播间

2022年8月17日,浙江省交通管理中心召开交通建设工程安全码场景应用工作推进会,深入推进交通工程安全管理数字化建设,在浙江省范围内部署安全码应用推广工作(图6-2)。

在浙江省交通运输厅、省交通管理中心的推动下,义东高速项目的安全管理数字化改革经验在浙江省的交通工程建设行业中得到推广,安全码的应用也已经在浙江省内 18 个在建高速公路项目全覆盖,并在 17 个国、省道项目中继续试点,所涵括项目总投资额约 1940 亿元、覆盖人员 4 万余人、设备 8000 余台。

图 6-2　浙江省交管中心召开交通建设工程安全码场景应用工作推进会

在社会层面,以义东高速项目安全管理数字化改革为先导的交通数字化改革也引起了媒体和社会的普遍关注。例如,交通旅游导报、中新网、浙江之声等多家媒体关心工程行业数字化改革,对义东高速的安全管理数字化改革和应用成果进行报道,使安全管理数字化改革的全新理念在社会范围得到普及。

6.3　数智赋能

当下,国际形势依旧波谲云诡,全球经济下行给国内带来的压力仍然巨大,国内各行各业尚未从疫情的影响中完全恢复。社会、市场、经济的发展都需要新的活力和动能。对工程建设行业来说,项目安全管理数字化改革对行业的发展具有重要且深远的意义和影响。无论是行业监管方、工程建设方还是工程建造方、项目服务方,工程的参与各方都能从行业的数字化转型中有所收获,获得发展的新动能。

对于行业管理方来说，数字化改革能够提升工程行业安全治理水平。以数字安全为载体，整合政府部门数据与行业市场主体数据信息，工程建设安全行业数据服务平台为工程安全市场宏观分析、监管政策决策分析、市场主体服务提供强有力的数据支撑，最终实现"宏观态势清晰可见，监管政策准确有效，压实一线效果明显，数字治理水平提升，执法精准高效有力，评估定量履职强化，公共服务精准有效"的行业监管，全面实现"监督、管理、服务"三个层面的创新发展。

对于工程建设方来说，义东高速项目安全管理数字化为建设方整合所有参与方的数据信息、系统化安全管理、解决安全管理碎片化难题提供了强有力的数据支撑，建设方监督和委托监理监督形成合力，强化压实现场主体责任的效果，系统化的跨方管理解决了安全管理碎片化的难题。数据驱动提升了建设方安全管理的效率，智能预测预警降低了现场安全风险，实时定量履职评估确保安全履职到位，投入绩效定量透明评估，确保安全措施费充分发挥作用，安全管理能力与安全风险需求的匹配提高了项目整体安全水平，最终实现"多方一体碎片不见，多方监督压实明显，数据驱动智能高效，数字履约合规可控，智能预警规避风险，定量评估强化履职，安全投入绩效明确，能力匹配安全提升"的建设方管理。

对于建造方来说，安全管理数字化改革能够保障工程项目全时安全。安全管理数字化平台对多源数据实时感知感测，为建造方强化现场安全管控提供了全方位的数据和决策支撑，为全过程项目安全保驾护航。全过程安全智能预测预报提高了安全管理的可控性，隐患自动识别、设施设备的自主安全控制、现场巡检工具等降低了安全管理人员的专业能力门槛，数据驱动管理决策提高了现场项目安全管理的效率和准确性，动态履职定量评估激发了项目参与人员的主观能动性，平台的人人思维聚合了所有项目参与人员的能力，最终实现"实时感知明察秋毫，智能预警风险可控，智慧辨识隐患自现，设施设备本质安全，自动巡检降低门槛，数据驱动提高效率，聚合平台力出一孔，履职定量激发潜能"的建造方管理。

对于服务方来说，安全管理数字化改革有助于提升企业效益和客户满意度。数字化技术安全重塑安全服务方的合作关系，多赢协同、共同繁荣安全行业，共同分享行业成果。服务资源的集约化利用降低服务成本，数字化技术赋能提升服务质量、降低能力门槛，服务人员能力的专业化解决复合人才供给难题，专业工作非专业化降低对人员能力的需求，精准服务提升客户满意度，人工智能使安全管理不

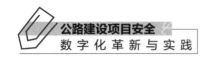

再是一个难题，最终实现"多赢协同分享行业，集约服务节约资源，分工细化培养专才，非专业化降低门槛，资源丰富满足个性，快速响应提升体验，数字赋能专业高效，数据驱动精准服务"的服务方管理[3]。

6.4 前进方向

回顾义东高速项目安全管理数字化改革探索的历程：为了解决指数无法有效暴露安全隐患、压实安全责任的问题，项目积分制管理应运而生；在设法量化工程的安全状况的过程中，开发引入了安全智控指数；为了实现安全数据便捷采集、打破信息孤岛，实现数据互联互通，借鉴防疫"健康码"，推出了安全码。一路走来，虽然道路曲折，但义东指挥部还是探索出了这样一个"真用""实用""好用"的数字化安全管理模式。显然，任何行业的安全管理数字化改革都不会一帆风顺，更不可能一蹴而就，工程建设行业的数字化道路仍然道阻且长。结合实践，放眼未来，我们可以对工程项目安全管理乃至行业管理的数字化转型进行如下展望。

6.4.1 进一步提升项目安全管理水平

"平安义东"系统在安全管理方面实现了在工程建设中降低人、物的安全隐患，但是对于来自环境的安全隐患干预较少。在未来，通过增加安全码的应用场景，如增加"环境码"，通过实时同步地质灾害、气象灾害、环境安全隐患信息，增加完善环境安全检查标准，以及其他举措，来实现对环境风险的有效提示和管控。

6.4.2 提升终端的采集处理能力

"平安义东"系统中以安全"三码"为核心进行安全数据的采集和传递。在未来的工程项目管理数字化系统中，更加完善的数字化终端、更加先进的算法、更加科学的标准体系等新的功能都将逐渐应用到工程项目安全管理当中，进而实现更加全面、高效的安全隐患排查和治理以及全方位的工程项目数字化管理。

6.4.3 实现应用场景的拓展

"平安义东"系统是工程项目安全管理数字化转型中的一项重要实践,但工程行业的数字化转型远远不止于此、也不止安全管理这一个方面。国内很多地方,工程行业的数字化改革的意识尚未树立,数字化改革的理念也没有深入地方管理部门和企业基层。只有形成更加完善、可复制、真正为工程建设行业内部门、企业降本增效的工程建设管理数字化应用场景模式样板,才能真正推动行业的数字化发展。

浙江省在推进数字化改革方面一直走在国内前列,并且对行业的数字化场景构建作出了顶层设计。在《实施意见》中,已经规划了"质量和安全生产管理实现智慧化管控"的目标。具体来讲,工程质量检验、交通试验检测系统、信息智慧大屏系统、BIM+GIS平台等系统功能将很快完成开发并集成在浙江省的智慧交通建设管理系统平台中。

未来,随着工程项目管理中更多的数字化应用场景的开发和应用,工程行业的数字化也将逐步深入工程建设的各个环节,实现行业内全方位的数字优化升级,为行业发展提供新的动能。

6.4.4 "浙里"互通

"平安义东"实现了项目内部人员、设备、安全隐患等信息的互联互通,做到了项目内部范围安全状况的可视化和实时监控。那么,在未来,随着工程行业的数字化转型不断推进,数字化管理模式将被推广并应用在工程管理过程中的每一个环节,落实到省内的每一项工程中。在浙江省内,将实现省内一盘棋,实现浙江省范围内的工程项目宏观态势清晰可见、监管政策准确有效、资源调度合理有序、数字治理水平提升、执法精准高效有力、评估定量履职强化、公共服务精准有效。

2022年11月2日,"浙路品质"重大应用在浙江省交通集团义东高速建设现场上线启动,这是浙江省交通全面推进交通建设工程"浙路品质"数字化改革、打造平安百年品质工程的新进展(图6-3)。

图 6-3 平安百年品质工程"浙路品质"重大应用现场推进会

"浙路品质"的上线和推进是为加快构建"九网万亿一朵云,前期工作一体推,一路多方协同管,品质工程数智建,安全管控无死角,建管养运全周期"的浙江交通基础设施数字平台。其重点聚焦公路工程项目全覆盖、"建管养运"全周期质量管理、从工程开工到竣工验收全过程质量管控及政企之间全方位的联动管理,是近年浙江省交通数字化改革目标的集中体现。

"平安义东"系统作为交通工程建设安全管理数字化的先行试点成果,其中的安全管理积分制、安全智控指数、安全码等场景已经在浙江省内广泛推广与应用,成为"浙路品质"在安全管控中的主要内容。虽然成绩斐然,但义东高速和浙江交投高速公路建设管理有限公司不会停下创新的脚步。从过去到未来,浙江交投高速公路建设管理有限公司公司仍将从工程安全、质量、养运等方面的实际需求出发,依据浙江省交通数字化改革的部署,继续工程行业的数字化改革。

在数字化改革不断深入人们生活各个方面的当下,社会发展的脚步从来都不会放慢,可以预见的是,随着"质量和安全生产管理实现智慧化管控"、"浙里"互通、"浙路品质"等目标的逐步实现,在下一个不远的未来:整个工程行业中,行政管理、投标管理、工程管控、现场监控、合同管理、质量安全管理、材设管理、造价管理、施工资料、财税管理等各个模块有机结合;从项目投标到项目结算的全过程全产业链智能化管理;项目全周期实时追踪都将融合统一,工程项目全过程的透明化、数字化;这些目标都将逐步实现。

参 考 文 献

[1] 樊运晓,傅贵,朱亚威,等.安全管理体系产生与发展综述[J].中国安全科学学报,2015,25(8):3-9.
[2] 丁文玲,陈政.智慧工地系统在施工现场安全管理中的应用[J].建筑安全,2022,37(2):63-65.
[3] 本刊编辑部.数字化时代工程安全行业的挑战和机遇[J].中国建设信息化,2022,(2):14-17.